¿Deberían los Cristianos Ser Observantes de la Torá?

Carmen Welker

Impreso en los Estados Unidos de América

ISBN 978-1-62374-000-9

Traducido al Español por:
Víctor Marcano; Marisa Maraz

A menos que se indique lo contrario:

Primera edición española, Noviembre 2012

Dedicatoria

Éste libro está dedicado a mi esposo por su gran apoyo sin el cual este proyecto no hubiera sido posible. Y También a:

- ❖ Ellis Ipock quien me guió hasta el "lugar correcto en el momento correcto" en Enero de 1995 y fue instrumento en el "salto de inicio" hacia mi gloriosa travesía hacia Dios.

- ❖ Baruch ben Daniel por sus comentarios y sugerencias, y por su generosidad al permitirme incorporar algunos de sus escritos en este libro.

- ❖ Andrew Gabriel Roth quien me concedió un permiso ilimitado para citar su obra "Nuevo Testamento Interlineal Arameo-Inglés" y otros de sus escritos.

Acerca de la portada

Escogí para la portada de mi libro la Menorá (el Candelabro) porque no solo representa uno de los más antiguos símbolos de la fe Judía sino que es el **ÚNICO** símbolo de YAHWEH (YHWH), nuestro Creador, diseñado por Él mismo (Éxodo 25:31-40). La Menorá es también un símbolo de la misión a la cual Israel ha sido llamado a ser "una luz entre las naciones*" (Isaías 42:6). (*Naciones, traducción de la palabra hebrea "Goyim", que también quiere decir Gentiles.)

Por favor, note que la Menorá de nuestra portada, es hecha de oro puro de 24 quilates, fue hecha cuidadosamente para ser idéntica a la original que se usó en el Primer Templo. (El Primer Templo fue construido por el Rey Salomón alrededor del 960 a.C.). Actualmente se encuentra en exhibición en el Cardo de Jerusalén en un cuarto protegido con Plexiglás. Elaborada por el Instituto del Templo de la Ciudad Antigua, es la actual Menorá que será usada cuando el Tercer Templo sea construido. Para más información, por favor, visite la página web del Tercer Templo:

http://www.thirdtemple.com/OldCity/gallery.htm

Tabla de Contenidos

Prologuo

"Algo" desapareció en la Iglesia....

Yo tenía 44 años de edad antes de que encontrara el camino hacia Dios. Eso ocurrió cuando el Espíritu Santo se apoderó de mi en un frío día del invierno en 1995, en un pequeño campo de una Iglesia Bautista en Missouri donde el Pastor, Wil Pounds, "por casualidad" empezó a decir las palabras que hicieron darme cuenta de que yo sería algo más que carne para gusanos cuando muera.

Los comentarios que me impulsaron "sobre el filo" fueron algo como esto: "Vamos a suponer por un momento que tú mueres hoy y estás parado frente al Señor Dios y Él te preguntare ´¿Por qué debería dejarte entrar en MI Cielo?´ ¿Qué le dirías? ¿Responderías con algo como ´Yo soy una persona religiosa que trató de vivir una vida cristiana lo mejor que pudo´? O, ´Yo iba a la Iglesia, le daba a los pobres, ayudaba a la gente necesitada, y siempre traté de ser una buena persona´?"

Mis ojos se abrieron como platos mientras contemplaba la pregunta de Wil. Y me dije, "Sí, esa hubiera sido mi respuesta. ¿Qué otra cosa podría responder? ¿Qué más diría?". Pero el siguiente comentario de Wil me estremeció por su contundencia, cuando el continuo diciendo: "Si tu respuesta a una de esa preguntas fue un "sí" entonces tú podrías estar equivocado ¡porque **NINGUNA** de éstas cosas pueden ayudarte a entrar al Cielo! Lo **ÚNICO** que te puede hacer entrar al Cielo es si crees en la sangre derramada en la cruz – por la fe en Jesucristo quien murió en la cruz para pagar la culpa de nuestros pecados…"

¡Me quedé paralizada! Hasta ese día, nunca había entendido porque alguien en su sano juicio se ofrecería voluntariamente a morir una muerte tan horrenda por toda la humanidad, o como esa muerte en particular afectaría mi relación con Dios. Pero cuando las palabras de Wil llegaron a mi mente algo dentro de mi hizo "click" y puede entender por primera vez en mi vida que Jesús fue el **SACRIFICO FINAL POR NUESTROS PECADOS**; Él fue el ser divino quien abolió para siempre la necesidad de sacrificio de animales que Dios siempre había requerido a SU pueblo desde los días que Adán y Eva fueron expulsados del Jardín del Edén. (Génesis 3:21)

Como alguien quien nació judía en un pequeño pueblo en la Alemania de la post guerra donde Dios básicamente estaba muerto, no sabía casi nada acerca de la Biblia y realmente nunca me importó; y siendo así, naturalmente yo estaba sorprendida por las cosas que Wil estaba exponiendo. Yo siempre había "creído" en Dios y suponía que él sabia que yo estaba pecando, él me perdonaría porque Él también entendería que yo era un simple ser

2

humano que había sido arrogada al infierno en la Tierra, así que Él seguramente no me condenaría por la eternidad.

Sin embargo, allí estaba yo en toda mi gloria de mediana edad, finalmente había descubierto que tenía un Salvador cuya muerte expiatoria me había liberado de mi necesidad de ya no tener que esconderme de Dios, o dejar de atormentarme por las cosas que había hecho intencional para desagradarle. Hasta entonces, había estado flotando en torno a mi rutina, tratando de recuperarme de una vida de pruebas y tribulaciones sin fin, y tratando de llenar ese "pequeño agujero en mi alma" con cosas mundanas...

En las siguientes semanas después de "ser salva" el Pastor Wil comenzó a discipular a su nueva "bebé en Cristo" implacablemente – y por supuesto, Yo era virtualmente una esponja, aprendiendo todo lo que me fuera posible de este asombroso maestro. Fielmente completé todos los estudios que él me recomendaba y también asistía a la Escuela Dominical y a los estudios de la Biblia en las noches siempre que podía. En el transcurso de un año, generalmente volvía loco a Wil con un sinfín de preguntas, mientras él me presentaba un nuevo mundo diseñado para mostrarme todo lo significa "nacer de nuevo". ¡Simplemente yo no me saciaba de saber más sobre Jesús!

No pasó mucho tiempo antes de que me convirtiera en una literata de la Biblia y comencé a hacer algunas preguntas verdaderamente difíciles. Por ejemplo, rápidamente me di cuenta de que toda la Biblia es acerca de los Judíos y de Israel, y yo estaba confundida - por no decir preocupada - sobre la idea de que mis hermanos todos se irían al infierno porque no creían que Jesús era Dios. Recuerdo que me preguntaba que si los Judíos (quienes ya creían en el Dios

3

de Abraham, de Isaac, y de Jacob) eran el "Pueblo Escogido" entonces ¿por qué se irían al infierno porque ellos no "creyeron en Jesús"? ¿Toda la gente **ANTES** de Jesús va al infierno porque ellos no tuvieron la oportunidad de creer en Él? Quiero decir, que ni Enoc (Génesis 5:24) ni Elías (2 Reyes 2:11) "creyeron en Jesús" y aún así ambos fueron al Cielo...

Eventualmente, también comencé a preguntarme ¿por qué la iglesia creyó que Jesús había "abolido la ley"? porque, de acuerdo a lo que estaba escudriñando en la Biblia ", "la ley" era la Torá, la **divina** enseñanza original de Dios y la instrucción, en los primeros cinco libros de la Biblia. Los Libros de Levíticos, de Números, y de Deuteronomio entran en profundos detalles de quien es Dios, de cómo Él quiere ser adorado, las Festividades que Él quiere que nosotros celebremos (todas ellas presagian a Jesús), como Él quiere que nos comportemos, como Él quiere que nos tratemos unos a otros, y hasta lo que Él quiere que comamos. Sin la Torá, no tendríamos ninguna de esas directrices con lo cual comprometeríamos nuestro **ÚNICO** plan que nos asegure una vida moral y piadosa – entonces ¿por qué las enseñanzas originales de Dios y su mandamientos serían anulados y dejados sin efecto solo porque el cuerpo humano de Jesús murió? ¿Por qué querríamos que ellos fueran anulados y dejados sin efecto?

Durante los días en que era una "bebé en Cristo" el Espíritu Santo estuvo diciéndome que Jesús era el Sacrificio por nuestros **PECADOS**, no alguien que vino a sustituir a Dios Padre y Sus enseñanzas originales. Después de todo, en los tiempos del Antiguo Testamento, los animales que eran sacrificados para expiar los pecados de los humanos cubrían nuestros **PECADOS** solamente; sus muertes no abolían mágicamente ningún Mandamiento de Dios, entonces ¿por qué lo haría la muerte de Su Hijo? **Los Pactos** cambiaron, pero la Torá de Dios no. El "Nuevo Testamento" constantemente hace referencias al "Antiguo Testamento" el cual contiene la enseñanza original y los "Así dice el Señor", no es a la inversa. Sencillamente no tiene ningún sentido insistir en eso solo porque Jesús murió, todas las enseñanzas originales de Dios fueron arrojadas al la basura. No tiene ningún sentido creer que el séptimo día, el Sábado, el cual nuestro Creador instituyó y observó personalmente (Génesis 2:2) fue cambiado por el primer día (Domingo), o que el cerdo y los mariscos de alguna manera se convirtieron en "puros" solo porque Jesús murió.

En Mateo 5:17 Jesús dijo: *"No penséis que he venido para aflojar la Torá o los profetas, **no** he venido para aflojar, sino a darles cumplimiento."* En mi opinión eso indicó un comienzo, no un final o una "abolición". Si Jesús no "abolió" entonces "cumplir" no podría significar "ponerle fin".

Otra cosa que me molestaba era el hecho de que la Iglesia considera la enseñanza original de Dios una "maldición". ¿Cómo podría algo que Dios siempre enseño ser una maldición? Si la Torá es una maldición, entonces ¿por qué los profetas Isaías y Miqueas nos dicen que "en los últimos días" la Torá (la Ley) **será** enseñada cuando Jesús regrese: *La Ley saldrá de Tsiyon (Sión), la palabra del Señor de Jerusalén.* (LBLA) ¿Estaremos viviendo bajo maldición en el futuro cuando Jesús regrese para gobernar y reinar? De ser así, ¿por qué están tan ansiosos por "el Rapto"?

También observé que la Torá tiene muchos mandamientos "perpetuos", tales como las Fiestas Bíblicas las cuales claramente dicen las Escrituras que deben ser observadas como "ESTATUTO PERPETUO". Pero, cuando le pregunté al Pastor y al Maestro de estudio bíblico sobre esto, ellos siempre insistían en que, como Cristiana, yo no tenía que preocuparme por eso porque los mandamientos del "Antiguo Testamento" eran solo para los Judíos. ¿Cómo podía ser esto, me preguntaba, ya que todos adorábamos al **mismo Dios** quien había específicamente instruido que los "extranjeros" y todo "aquel que se uniera" a Israel tenía que hacer **exactamente** lo que hacían los Judíos (Números 15:13-16)? ¿No deberían aplicase estos principios por igual a todos, o Dios tenia en la mano dos conjuntos de normas diferentes?

Millones de preguntas cruzaron por mi mente y pronto comencé a sentir que "algo no estaba bien" en la Iglesia. A pesar del hecho de que yo era "salva" de alguna manera no me sentía completamente satisfecha, y no podía entender el por qué. A donde yo fuera con mi constelación de preguntas, terminaba siendo martillada con mantras, "la Ley es una maldición" y "Jesús la clavó en la cruz"... o "Bueno, Pablo dijo...."

Durante meses, estudié todo lo que pude tener en mis manos, absorbiendo ávidamente la Biblia, haciendo preguntas y reflexionando sobre algunas enseñanzas de la Iglesia que parecen no tener sentido. Por alguna razón no podía evitar la sensación de que, a pesar de que siempre había "creído" en Dios en cierta manera - este "Jesús" simplemente no parecía el mismo Dios que había dado al hombre su enseñanza original e instrucción. No tengo nada en contra de los pastores que he estudiado y de quienes aprendí, pero lo que yo estaba leyendo en la Biblia no coincide exactamente con lo que estaba escuchando desde el pulpito...

Por momentos, los Evangelios son claros con que Jesús observaba el séptimo día, el Sábado, y las Fiestas Bíblicas como Su Padre lo ordenó. No bien en ningún lugar en la Biblia que sugiriera que esas cosas habían desaparecido, incluso en los escritos de Pablo. De hecho, a diferencia de la mayoría de las personas que parecen creer que Pablo estaba en contra de "la Ley", personalmente sentía que sus escritos habían sido malinterpretados, porque yo, aún siendo una "bebé en Cristo" podía ver con claridad que Pablo, como Jesús, era un Judío observante de la Torá que confirmó la Ley. Él lo dijo en Romanos 3:31: *¿Anulamos entonces la ley por medio de la fe? ¡De ningún modo! Al contrario, confirmamos la ley.* (LBLA) Si por la fe **confirmamos** la Ley, entonces no podemos, al mismo tiempo insistir en que ha sido abolida. Por otra parte, 1 Juan 3:4 dice claramente que el **pecado** es "quebrantar la Ley" – ¡lo que significa que "la Ley" no podría haber sido abolida en la cruz!

1 Juan 3:4. Todo aquel que comete pecado, infringe la Ley, de hecho, el pecado es infracción de la Ley. 5. Pero usted sabe que Él apareció para que pudiera quitar nuestros pecados. Y en Él no hay pecado. 6. Todo el que permanece en Él, no práctica el pecado. Nadie que practica el pecado, no lo ha visto ni lo ha conocido. (NVI)

Y así estuve frustrada hasta que Dios me hizo mudarme a Colorado en 1996, donde eventualmente hallé las respuestas a todas mis preguntas después de descubrir al "Judaísmo Mesiánico" - una creencia basada en la idea de que la Biblia está y continua, "inspirada por Dios" en su totalidad, en lugar de dos entidades, separados y opuestos "testamentos", donde el "Nuevo" reemplaza al "Antiguo".

Por alguna milagrosa circunstancia, terminé en una clase de Torá aprendiendo cosas que nunca hubiera podido desmenuzar en una la iglesia regular. Por ejemplo, aprendí que muchas de las enseñanzas de Dios y sus instrucciones han sido mal traducidas por la complejidad del idioma Hebreo, y que las enseñanzas de Pablo se han malinterpretado, ya que se ven a través de un mentalidad "Griego/Gentil". Me enteré de que el Nombre del Padre es יהוה (las letras hebreas se leen de derecha a izquierda, Yod-Hey-Vav-Hey = YHWH, que se pronuncia Yahvé), y el nombre hebreo dado a su Hijo en realidad era ישוע que traducido al Español es Y'shua o Yeshua, y significa "Dios es salvación." (Yeshua no es difícil de pronunciar en ningún idioma, y me pregunté por qué "el mundo" ha tenido a bien cambiarlo.) No sólo le cambiaron el nombre, sino también las fechas de su nacimiento, de su muerte y de su resurrección, ¡las cuales están claramente definidos en la Biblia! También aprendí la diferencia entre la mentalidad "hebrea" y la "griega" lo que contribuyó a aclarar por qué "Jesús" en nada se parece al observante de la Torá, del séptimo día Shabbat (Sábado) y de las Festividades Bíblicas, ni al Judío kosher que caminó por esta Tierra hace dos mil años...

Y ahora, quiero transmitirle este conocimiento. Si después de leer las siguientes páginas todavía no crees que los Cristianos deben ser observantes de la Torá, al menos podrá formarse un criterio desde una perspectiva más informada.

Que Dios le bendiga y le ilumine a medida que lea las siguientes páginas.

Capítulo 1

La Torá no es "legalismo" o una "maldición" — ¡La Torá consiste en las Instrucciones de Dios para justicia!

---

*Mateo 7:21. No será que cualquiera que me dice: "¡Mi Maestro, mi Maestro!" Entrará en el reino de los cielos, **sino el que hace la voluntad de Mi Padre que está en el cielo.** 22. Muchos Me dirán en aquel día: "¡Mi Maestro, mi Maestro! Por Su nombre, ¿no profetizamos? ¿Y por que el nombre que han echo fuera los demonios? ¿Y por Tu nombre hemos hecho muchos milagros?" 23. Y entonces les profesan a los que desde la eternidad, yo no te he conocido. ¡Apartaos de Mí, obradores de iniquidad!*

Cada creyente se debe hacer a sí mismo la pregunta: "¿Estoy realmente adorando a Dios de acuerdo a lo que dice la Biblia, o estoy siguiendo ciegamente doctrinas de hombres? Quiero decir, ¿cómo puedo estar seguro de que mi denominación en particular, es la única aprobada por Dios, y si estamos o no 'haciéndolo bien'?"

La respuesta, por supuesto, es: el **HOMBRE** se acercó con todas las denominaciones y **NINGUNA** de ellas lo está "haciendo bien!" El hombre con su mentalidad humana

9

limitada ha puesto Dios en una caja y trató de obligarlo a encajar en la teología "du jour". En vez de consultar al Espíritu Santo para ayudarle a entender a Dios y la Biblia, el hombre ha escogido su camino a través de las Escrituras en busca de lo que mantiene a su premisa particular. El resultado ha sido miles de "denominaciones" (hay más de 1.500 grupos de fe cristiana sólo en Norteamérica) que dicen ser "la correcta"....

No es de extrañar entonces que, en los últimos años, muchos cristianos hayan ido a "iglesia comercial" y / o que en su totalidad salieron de la iglesia porque sentían que "faltaba algo". Algunos en última instancia, se encontraron con congregaciones "mesiánicas" donde "un mundo completamente nuevo" se les abría y donde descubrieron que lo que había desaparecido en la Iglesia era el conocimiento práctico de la Torá, los cinco primeros libros que contienen las instrucciones divinas originales de Dios, sin las cuales el hombre no tendría **ningún** modelo para el comportamiento moral.

Si usted está entre aquellos cristianos que han sentido ciertos "empujones" en su vida espiritual, este libro servirá como una verdadera experiencia reveladora, ¡porque usted encontrará que la Torá no es lo que pensaba! La Torá no es "legalismo", como insiste la Iglesia, es la Palabra de Dios. El legalismo consiste en los conceptos **creados por el hombre** que se introdujeron en la Torá.... Sin embargo, muchos cristianos se apresuran a señalar que los que creen en ser observadores de la Tora están "bajo la ley" o la práctica de "legalismo." ¡Nada podría estar más lejos de la verdad!

*Santiago 4:11. No hables contra cada uno de mis hermanos, los otros, porque el que habla contra su hermano o juzga a su hermano, habla en contra de la Torá y la Torá jueces. **Y si juzgas la Torá, no eres hacedor de la Torá, pero su juez.** 12. No es un dador de la Torá y el juez que puede hacer que viva y (puede) destruir: pero ¿quién eres que juzgas a tu prójimo?*

Antes de que sigamos avanzando, me gustaría dejar bien claro que la intención de este libro **no** es la de "golpear" a nuestros hermanos cristianos (católicos y/o protestantes), ni abogar porque la Torá nos "salva", ¡**sólo** la sangre derramada del Mesías tiene ese poder! Usted tiene la opción de estudiar el contenido de este libro para aprender lo que es la Torá, ¡y luego hacer su propia decisión sobre si aceptarla o rechazarla! Tampoco estoy sugiriendo que los maestros "mesiánicos" han acaparado el mercado de la Verdad *porque Satanás se ha infiltrado en el "Movimiento Mesiánico" tanto como en cualquier otra "religión".* Hay un montón de maestros "mesiánicos" y "rabinos" en el mundo, cuyas enseñanzas están completamente fuera de lugar porque, en vez de enseñar la verdad, ¡le han insertado sus opiniones carnales a la Palabra! Lo que estoy tratando de impulsar es que los creyentes en el Mesías tienen que empezar a leer la Biblia por lo que dice, y adherirse a las enseñanzas de YHWH en lugar de seguir ciegamente lo que sus respectivos sacerdotes o pastores abrazan.

Este libro demostrará que los cristianos han entendido mal el concepto de "la Ley" de Dios y, como resultado, se están perdiendo muchas bendiciones - por no mencionar, el "cuadro completo" en el gran esquema de las cosas - que incluye el engaño "Jesús la clavó en la cruz" idea que ha llevado a muchos a confundir el legalismo (las tradiciones y las opiniones de los hombres) con los verdaderos Mandamientos de YHWH.

YHWH es el nombre de Dios revelado tanto a Abram en Génesis 13 y luego a Moisés en Éxodo 3. Se trata de una transcripción de las letras hebreas que comprenden el nombre de nuestro Creador: יהוה = **Yod-Hey-Vav-Hey** = YHWH, que se pronuncia YAHVÉ. Estas cartas fueron inspirados por el Ruaj HaKodesh (Espíritu Santo) para aparecer cerca de 7.000 veces en el Tanak ("Antiguo Testamento"), sin embargo, su nombre no es encontrado en ninguna parte en nuestras versiones de la Biblia en Español, salvo cuando aparece en una forma abreviada al final de la palabra "aleluya". Los traductores al Español son culpables de añadir a la Palabra de nuestro Creador mediante la sustitución de su nombre personal, con las letras mayúsculas el Señor, Dios, y el híbrido "Jehová". (Irónicamente, los Judíos tradicionales conocen su nombre pero se niegan a pronunciarlo por temor a equivocarse o deletrearlo mal...)

Génesis 13:1. Y Abram subió de Egipto, él y su esposa, y todo lo que tenía, y con él Lot, en el Sur. 2. Y Abram era riquísimo en ganado, en plata y en oro. 3. Y volvió por sus jornadas desde el Sur, incluso a Bet-el, hasta el lugar donde su tienda había sido al comienzo, entre Bet-el y Hai, 4. Al lugar del altar que había hecho allí en la primera. E invocó allí Abram el nombre de YHWH.

Éxodo 3:13. Moshe (Moisés) dijo a Elohim: "Mira, cuando me presento ante los hijos de Isra'el, y les digo, 'El Elohim de vuestros antepasados me ha enviado a vosotros', y me preguntan, '¿Cuál es su nombre? ¿Lo que voy a decirles? "14. Elohim dijo a Moshe (Moisés): "Ehyeh Asher Ehyeh" [Yo soy el que soy, voy a ser lo que soy], y agregó: "Esto es lo que dicen a los hijos de Isra'el: '. Ehyeh [Yo soy o seré] me ha enviado a vosotros" 15. **Elohim dijo entonces a Moshe (Moisés): "Así dirás a el pueblo de Isra'el: ' YAHWEH [Él es] el Elohim de vuestros padres, el Elohim de Avraham (Abrahán), el Elohim de Yitz'chak (Isaac), y el Elohim de Ya'akov (Jacob), que ha me envió a vosotros. Este es Mi nombre para siempre, así es como generación tras generación, es para recordarme."**

NOTA: *Ehyeh Asher Ehyeh* es "ser" en primera persona, lo que en esencia YHWH dice es: "Este es el nombre con el cual me llamo". De hecho lo que YHWH dice es: "Mi nombre para mí es simplemente que yo existo", lo cual es una revelación extra dada a Moshé. Sin embargo, a Abram también le dijo en Génesis 13:1-4 que Elohim se llamaba "YHWH". En todo caso, YHWH es realmente "Él es", la forma masculina en tercera persona de *Ehyeh*. Así que Abram solamente supo que "Él es/fue/será" (YHWH) como el nombre, pero Moshé entendió el significado detrás del nombre, que YHWH lo aplica a sí mismo directamente. Como resultado, no hay contradicción entre YHWH revelándose a sí mismo como YHWH a Abram y dar a conocer el significado de su nombre a Moshé.

La conclusión es, que estamos viviendo en los tiempos finales como se describe en los libros de Daniel y Apocalipsis, y es imperativo que los líderes de la iglesia comiencen a volver a examinar su postura sobre si están o no la enseñanza de acuerdo con las instrucciones de YHWH. Al ignorar "el cuadro completo" los pastores de todo el mundo son culpables de conducir a la gente por mal camino - ¡y sus rebaños son culpables de **permitir** que se les engañe!

Esto no quiere decir que los cristianos (Católicos y Protestantes, y todos los que creen en Jesús) no "aman al Señor." Sin embargo, al hacer caso omiso de la Torá son culpables de desobedecer deliberadamente algunos de los Mandamientos "perpetuos" de YHWH, que los pone en peligro de ser considerados "tibios" el día del juicio (ver Apocalipsis 3:16), y en consecuencia terminar siendo "pequeños" en el Reino (ver Mateo 5:19).

Por lo tanto, este libro hará dos sugerencias osadas (que probablemente tendrán más sentido para usted una vez que haya terminado de leerlo):

(1) Pastores: Aquellos pastores que desean ser fieles administradores y exactos con la de la Palabra de YHWH, necesitan reconsiderar con mucha oración lo que enseñan en los Seminarios y/o en otro tipo de institutos cristianos, y volver a examinar la Biblia con "nuevos ojos" para ver si sus enseñanzas y acciones están o no acordes con la Palabra de Dios – comenzando con las normas, reglamentos, obras y teologías de sus respectivas denominaciones (todas las cuales fueron hechas por el hombre).

(2) Congregaciones: Si los pastores se niegan a seguir el ejemplo de Yeshua (nuestro Salvador, el nombre hebreo que significa "YHWH salva" o "YHWH es la salvación"), nuestro observante de la Torá, del séptimo día Shabbat (Sábado) y de las Festividades Bíblicas, entonces sus congregaciones tienen la responsabilidad de salir de esas iglesias, olvidarse de lo que les han enseñado y, con la ayuda del Espíritu Santo, ¡comenzar sus propios viajes en la Palabra! Mateo 7:13 nos dice que la gente no va a ingresar a través de la "puerta estrecha que conduce a la vida" y por lo tanto es imperativo que usted por lo menos sea capaz de cambiar su percepción de la Torá desde una perspectiva **informada**, antes de decidir aceptarla o rechazarla.

YHWH dijo: *"Mi pueblo es destruido por una falta de conocimiento..."*. (Oseas 4:6). Para convertirse en el testigo conocedor que Él quiere que usted sea, primero tiene que entender exactamente cual "conocimiento" usted se ha perdido - comenzando por el hecho de que los cristianos a quienes les han enseñado que "Jesús clavó la Ley en la cruz" parece que no entiende exactamente **que** fue clavado en la cruz. ¡Ellos tienen una impresión errónea en lo que se refiere a las instrucciones divinas originales de Dios, aunque no haya nada en las Escrituras que justifiquen esta idea!

Habiendo dicho esto, vamos a discutir sobre lo que fue "clavado en la cruz" exactamente.

Yeshua "clavó en la cruz" la exigencia de ofrecer sacrificios para expiar nuestros pecados. Es todo. Él no vino para sustituir a YHWH el Padre, tampoco Él sugirió alguna vez que Él viniera para suprimir las reglas y regulaciones de Su Padre, ni ninguna de las enseñanzas originales; ¡al contrario, ¡Él vino para inculcarnos la necesidad de aprender y obedecer la Torá que Él mismo observó e hizo cumplir!

Isaías 9:6. Para un niño nos es nacido, hijo nos es dado; la soberanía reposará sobre sus hombros, y se le dará el nombre de Pelé-Yo'etz El Gibbor Avi-Ad Sar-Shalom [Asombrosas Consejero, El poderoso,

Padre de la Eternidad, Príncipe de la Paz]*, 7. Del aumento de su reinado no tendrá fin y él te dominará en el trono de David y sobre dominios de David, para establecer y difundir a través de la justicia y la justicia desde ahora y para siempre. El celo de YAHWEH-Tzva'ot (Yahvé-Tzva'ot) [Yahvé de los ejércitos] va a llevar esto a cabo.*

NOTA: (Isaías 9:6-7 se muestra como versículos 5-6 en algunas versiones de la Biblia.) La palabra *peleyoet* se utiliza con mayor frecuencia en un buen sentido para describir el poder y la majestad de YHWH (Éxodo 15:11) y en un mal sentido para mostrar la profundidad de nuestro pecado a los ojos de YHWH (Lamentaciones 1:9). En cualquier caso, parece que "maravilloso" es el significado de *peleyoet* en Isaías 9: 6 y sus variaciones homofónicas, no tiene la total profundidad de su significado en Hebreo. El Consejero que se describe aquí es de carácter sobrenatural más allá de las mejores ideas humanas. Como resultado, Andrew Gabriel Roth encontró "iluminado" más preciso ya que esta palabra le indica al lector que debe buscar fuera de su propia experiencia y ser "inspirado" a la manera de YHWH para intervenir en la historia en nuestro beneficio.

Yeshua trabajado muy duro para hacernos conscientes de los conceptos humanos y de las ideologías que se habían encriptado en la Palabra de YHWH, y nos muestra cómo discernir y eliminar a la incesante oleada de leyes rabínicas que mantenían en esclavitud a los creyentes antiguos. Irónicamente, los pastores cristianos de hoy son culpables de perpetuar sus propias nociones "rabínicas" que incluyen el decir a sus congregaciones que "la ley" fue abolida, ¡sin siquiera darse cuenta de que están hablando de la divina y eterna Ley de Dios!

Como prueba de que "Jesús clavó la Ley en la cruz," sin embargo, los pastores se refieren con mucha facilidad a las mal traducidas, y por tanto mal entendidas y mal interpretadas enseñanzas de Pablo que supuestamente muestran que YHWH cambió el séptimo día de Sábado al Domingo ("el primer día"), anuló y prohibió las Festividades Bíblicas, y sugiere que el Hombre pueda comer ahora la carne de cerdo y mariscos - y todo esto sólo porque Yeshua murió en la cruz.

¿Por qué casi nadie ha puesto en duda estas supuestas discrepancias o ha comprobado para ver qué dice la Biblia realmente? ¿Cuántos han notado que Yeshua dijo que Él **no** vino para abolir Torá?

Mateo 5:17. No penséis que he venido para aflojar la Torá o los profetas; no he venido para aflojar, sino para cumplir. 18. Porque de cierto os digo que hasta que el cielo y la tierra pasarán, no una letra (Yodh) o ictus se pasará de la Torá hasta que todo pase. 19. Todos los que se afloje, por lo tanto, de una (de) estos mandamientos muy pequeños y enseñar así a los hijos de los hombres, será llamado pequeño en el reino de los cielos, pero todos los que hacen y enseñan esto será llamado grande en el reino de los cielos. 20. Porque os digo que si vuestra justicia no fuere mayor de más de la de los escribas y los fariseos, no entraréis en el Reino de los Cielos.

¿Ha ocurrido todo lo que debe suceder? ¿Han dejado de existir el Cielo y la Tierra? Si no es así, entonces ¿por qué la Iglesia está ignorando a la Torá? ¿Cómo equiparar los conceptos de "completo" o "satisfacer" con "abolido" o "desaparecer"?

Y ¿cómo en el mundo la gente inteligente nunca permite que se les hable de la idea arrogante, insolente y rebelde de

17

que la Ley de Dios nunca podrá ser "una maldición"? O ¿la creencia de que el Señor no espera nada más de nosotros sino solo "creer en Cristo" ya que estamos ignorando sus ordenadas Fiestas "perpetuas" y en su lugar, celebramos "días santos" **establecidos por el hombre** y tradiciones completamente impregnadas de paganismo?

Aquí está la aleccionadora pregunta del millón de dólares: Si usted está entre aquellos que creen que "la ley es una maldición", ¿estaría dispuesto usted a arriesgar la Vida Eterna por esta filosofía sin siquiera tomarse la molestia de tomar un segundo vistazo a la Biblia, sólo para estar seguro?

Un ejemplo para ilustrar la Torá:

Los buenos padres enseñan a sus niños a obedecer algunas reglas fundamentales durante sus años de formación. Los enseñamos que tocar una estufa caliente quemará sus dedos, que jugar con perros callejeros podría causar que sean mordidos, o que es peligroso cruzar la calle sin primero mirar hacia ambos lados para ver si viene un carro. Les enseñamos modales necesarios y les mostramos como relacionarse con otros, a decir "por favor" y "gracias" - las reglas básicas del protocolo. El objetivo de nuestra tutela cuidadosa es criar a seres humanos decentes y proveer a nuestro descendiente del conocimiento que ellos pueden llevar con ellos para siempre; conocimiento que luego ellos pueden aumentar y finalmente impartir a sus propios hijos. En otras palabras, les damos una especie de "Torá" – una guía de comportamiento moral y seguro.

Ahora, imagine, por ejemplo, a alguna persona llamativa, carismática que viene y le dice a sus niños que siempre que ellos alcancen la edad de, supongamos, 12 años, ellos ya no tendrán que obedecer a sus padres y que pueden hacer lo que ellos quieran, sin tener en cuenta las consecuencias, porque de alguna manera la edad de 12 años mágicamente borra todo lo que sus padres alguna vez les enseñaron. A la edad de 12 años, según esta persona carismática, nuestros niños están "crecidos" y ya no están sujetos a las reglas de sus padres. Ellos pueden mentir, robar, estafar, drogarse, tener sexo cuando y con quien ellos quieran, y cruzar la calle sin mirar para los lados primero, y generalmente hacen lo que ellos desean porque, después de todo, "usted sólo vive una vez." Como la gente que nace en el pecado (Génesis 3; Romanos 3), nuestros niños serán naturalmente atraídos a ésta nueva libertad que han descubierto, y entonces comienzan a rebelarse porque nuestras reglas y regulaciones son anticuadas y van en contra de sus deseos.

El problema es: ¿la "nueva libertad" de nuestros niños nos revocará como padres? ¡Por supuesto que no, porque sabemos que sus acciones causarán cierto dolor y/o la muerte!

¿Pero no es esto exactamente qué hemos hecho con la Palabra de YHWH por la insistencia de que *estemos bajo la gracia* porque "Jesús clavó la Ley en la cruz" y por lo tanto no estamos sujetos a las Leyes de Dios hoy? ¿Cuándo y cómo sustituyó la gracia la necesidad de obedecer las reglas?

¡Una de las frases favorita de los cristianos es, "la Ley está escrita en nuestros corazones!" Lamentable-mente, esto es falso porque, a menos que uno primero haya **aprendido** la Ley de YHWH, uno no puede escribirla "en sus corazones". Esto es igual al aprendizaje del alfabeto; usted primero tiene que aprendérselo y luego memorizarlo antes de que sea "escrito alguna vez en su corazón."

Gracias a la desobediencia de Adán y Eva en el Jardín de Edén, la humanidad automáticamente nace en el pecado (Romanos 3:10 y 3:23); y tan, al contrario de la opinión popular, los bebés humanos **no** nacen con Torá de Dios grabada en sus corazones. Así como deben enseñarles que las estufas calientes son peligrosas, primero deben enseñarles a memorizar los "si" y los "no" de Dios antes de que ALGO esté "escrito en sus corazones" o aprendido de memoria.

El Apóstol Pablo quien, como he sugerido ha sido muy entendido mal por la población cristiana (lo cual este libro demostrará más tarde), dijo:

*Romanos 2:12. Para los que no tienen la Torá, que pecan, también perecerán sin la Torá, y los menores de la Torá, que pecan, serán juzgados por la Torá. 13. **Porque no son los oidores de la Torá son justos delante de Elohim, sino los hacedores de la Torá** están constituidos justos. 14. Porque si los gentiles que no tienen la Torá será, por su naturaleza, hacer las cosas de la Torá, ellos, mientras que sin la Torá, la Torá a convertirse en ellos mismos. 15. Además, se mostrará el trabajo de la Torá, ya que está inscrita en sus corazones, y su conciencia es un testimonio de ellos, sus propias reflexiones para reprender o reivindicar unos a los otros. 16. (Y eso es de reivindicación) en el día en que Elohim juzgará a los secretos [acciones] de los hombres, como mis nuevas [enseña], por Y'shua el Mashiyach (Yeshua, el Mesías).*

Por favor pida al *Ruaj HaKodesh* (Espíritu Santo) que le ayude a entender Romanos 2:12-16 sobre todo, que fue traducido directamente del Arameo al Español. Usted notará que ésto de ningún modo hace que los creyentes deduzcan que no necesitan la Torá, sino que mejor dicho, sin la dirección divina, ellos crearán sus propias reglas y regulaciones e intentarán descifrar "lo que es bueno y lo que es malo" y "reprenderse o justificarse" el uno al otro desde un punto de vista humano.

Una nota al pie de página del Roth's Aramaic English New Testament (AENT) que se refiere a esta escritura, dice: "Pablo no sugiere que los Gentiles espontáneamente debieran dominar la Torá. El punto es que ellos deberían aprender la Torá escrita sin la distracción de tradiciones Farisaicas que no están arraigadas en el claro entendimiento de la Torá."

A principios de este capítulo, usé a Mateo 7:21-23, que habla de cómo YHWH rechazará a los "hacedores de iniquidad". Tenemos que preguntarnos francamente: ¿Quiénes son los "hacedores de iniquidad"? La respuesta es: ¡Aquellos que no viven conforman con las Leyes de Dios! Es hipócrita pensar en nosotros como "santos" mientras somos culpables de pecar voluntaria y deliberadamente por nuestro rechazo a vivir conforme a las Reglas de Elohim. Según el Diccionario de la Real Academia el pecado es "palabra, obra, u omisión contrarios a la ley de Dios" (también ver a 1 Juan 3:4).

Como afirma la Escritura en varios pasajes, no hay sino sólo **un** YHWH y **una** sola Instrucción Divina para el judío y para el extranjero que ha decidido seguir al Dios de

Abraham, de Isaac, y de Jacob. Isra'el debía ser el ejemplo a seguir para todas las otras naciones, no el único usuario del Torá.

La Torá fortalece nuestra relación con Dios. Ella nos revela quién es Él, nos explica cómo debemos adorarlo, y nos muestra como Él quiere que nosotros vivamos y nos comportemos según Sus reglas, que son diseñadas con nuestro bienestar en mente. (y, como todo buen temeroso de Dios, los cristianos deberían saber, que si deseamos tener una relación con Dios, ¡no podemos cortar y escoger la parte que queremos creer de la Biblia! Debemos aceptarla **toda**.)

Las páginas siguientes demostrarán como los cristianos, en conjunto, pierden el "cuadro completo" - y por consiguiente, se pierden de algunas bendiciones de YHWH porque ellos no hacen caso de Torá, y en cambio se adhieren al "evangelio" diluido que fue iniciado por "los padres de Iglesia" quienes hicieron pasar como la Verdad su torcida interpretación del "Antiguo Testamento" y de las enseñanzas de nuestro Salvador, Yeshua HaMashiaj (Jesús el Mesías).

Capítulo 2

Origen de la idea de que
"la Torá fue clavada en la cruz"

Hay un montón de "expertos" en este mundo que insisten en que la Torá era sólo para los Judíos y que cualquiera que pertenece a Cristo no tiene que hacer nada más que "creer". Pero, ¿qué dice **la Biblia**?

Leyendo en contexto, descubrimos que **no había Judíos** hasta después de que Jacob engendró a su hijo Judá, de quien surgió la Tribu de Judá (Génesis 29:35; Mateo 1:1-2); sin embargo, **a todos** comenzando por Adán y Eva, a quienes se le había dado normas a seguir (Génesis 2:16-17), luego Caín y Abel (Génesis 4) y Noé (Génesis 6), fueron observantes de la Torá ... ¡lo cual nos sirve para negar la afirmación de que los cristianos no tienen que obedecer las normas divinas de Dios para justicia! El término "Judío" se ha convertido en un manto para referirse a todos los israelitas en general, cuando en realidad, sólo alguien nacido en la tribu de Judá, puede presumir el título de "Judío". El *Tanak* (Antiguo Testamento) muestra que los Elegido de Dios fueron llamados Hebreos (Génesis 14:13; ver también las vidas de Abraham, de Isaac, y de Jacob en el *Tanak*).

23

Cualquier persona que cree en el Dios de Abraham, de Isaac, y Jacob debe ser observante de la Torá, e incluso Dios dijo hasta **cuatro veces en una fila** en el Números 15:13-16! YHWH eligió Abraham porque Él quiso (Deuteronomio 7:6-8), y Él lo reiteró en Jeremías 31:32 haciendo su nueva alianza con la casa de Israel y Judá – las cuales eran observantes de la Torá.

Todos los seguidores del Mesías Yeshua del primer siglo fueron observantes de la Torá, ¡y **usted** también debería serlo! ¿Por qué? *¡Porque los creyentes gentiles son injertados en el olivo cultivado (Israel), y se convierten automáticamente en parte de Israel!* ¡Aleluya! Eso no significa que se convierten en "Hebreos" o "Judíos" - ¡pero sí significa que están en la Empresa Real y forman parte de la familia de Dios! Por favor, mantenga este hecho en mente cuando lea lo siguiente que se refiere a "los Judíos" en términos generales.

Para descubrir por qué los cristianos parecen creer que están exentos de la Torá, todo lo que necesitamos hacer es volver al origen del mito de que "la Torá fue clavado en la cruz" - que fue iniciado por los "Padres de la Iglesia"- hombres que, básicamente, reclamaron para ellos mismos al Dios de Abraham, de Isaac, y de Jacob, y luego, de forma deliberada y/o involunta-riamente, ¡lo despojaron de su verdadera identidad bíblica! Esto sucedió, en parte, porque odiaban a los Judíos y todo lo judío, y porque como los gentiles, vieron a YHWH y la Biblia desde la perspectiva griega en lugar de hacerlo con mentalidad hebrea.

¿Qué se entiende por "mentalidad hebrea" frente a "mentalidad griega"? Se refiere a la idea de que existe una discrepancia entre los conceptos Judíos y Cristianos sobre la vida, Dios y la Verdad, en otras palabras, eran "adaptados" en sus respectivas maneras de pensar sobre estos temas. En la mentalidad de los Hebreos, YHWH era el Creador. Los Griegos, en cambio, eran gentiles propensos a ser ateos, agnósticos, o creían en dioses paganos - y es por eso que el apóstol Pablo utiliza diferentes métodos cuando habló a los Hebreos y a los de cultura griega.

Ejemplo: El modo de pensar "Griego" visualiza un tatuaje (o algo similar) en el muslo de Jesús a su regreso como "Rey de Reyes y Señor de Señores" (Apocalipsis 19:11-13, 16), mientras que la mentalidad hebrea ve algo más profundo, más realista, más basado en la Torá. La mentalidad Hebrea visualiza a Yeshua, el Mesías Judío observante de la Torá, envuelto en un Talit (manto de oración) como él está sentado encima de un caballo blanco, regresando a la Tierra con los *tzitziyot* (flecos, nudos, borlas) que caen sobre sus muslos deletreando el nombre de YHWH. (Cada letra del alfabeto hebreo tiene un valor numérico y, en consecuencia, el número de nudos en el *tzitzit* en las cuatro esquinas de un Talit, debidamente atados, deletrean el nombre de YHWH. ¡No necesita el tatuaje!)

Otro ejemplo de la mentalidad Hebrea en oposición a la mentalidad Griega puede verse en los respectivos calendarios/plazos. Los plazos YHWH son ampliamente evidenciados en toda la Biblia, mientras que el Calendario Gregoriano ha sido manchado con los nombres de deidades paganas que representan los días y meses. De acuerdo al Señor, un "día" **no** es de medianoche a medianoche, sino de" puesta del Sol a puesta del Sol "(Génesis 1:5). Llamó a los días de la semana el "primer día", el "segundo día", etc., mientras que "el mundo" ha nombrado a sus días y meses con nombres de dioses y diosas paganos.

Aunque estamos acostumbrados a estos nombres, debemos buscar en nuestro corazón y ser muy honestos con nosotros mismos al plantear la pregunta: Desde que YHWH firmemente advirtió a su pueblo sobre el paganismo e incluso darles muerte por insertar algo inusual en nuestro culto a Él (por ejemplo, como en el caso de los hijos de Aarón), ¿por qué ÉL habría de estar feliz por eso hoy en día?

De todos modos, el resultado final de estas dos mentalidades diferentes fue devastador, ya que debido a la mala interpretación, a la mala traducción, a la incomprensión y a la mala aplicación de las Escrituras, los líderes de la iglesia gentil manipularon y torcieron la Palabra de Dios e insertaron sus propias opiniones en la ecuación. Y sus seguidores, por supuesto, aceptaron ciegamente esa "verdad" como evangelio. A lo largo de los siglos, en vez de examinar la Biblia y las enseñanzas de Yeshua el Mesías por sí mismos, la gente se siguió adhiriendo a las enseñanzas de los "Padres de la Iglesia" sin cuestionar, lo que ayudó a perpetuar el mito de que la Ley "es una maldición".

Las siguientes ilustraciones le dará una idea aproximada de cómo los "Padres de la Iglesia" influyeron en las futuras generaciones de creyentes:

¡El diablo nos hizo hacerlo!

Lucas 4 nos dice que Satanás se noqueó el mismo al intentar tentar a Yeshua. Cuando eso falló (a pesar de prometerle todos los reinos del mundo), Satanás básicamente fue a la yugular de la humanidad, comenzando por la inserción de las falsas doctrinas en las enseñanzas de Yeshua, la principal de ellas es que los "Cristianos" no necesitan ser observantes de la Torá.

El hecho es, sin embargo, que la Biblia muestra claramente que los primeros creyentes gentiles **eran** observantes de la Torá - aunque la mayoría de los cristianos refutan esto rotundamente, utilizando todo lo posible para demostrar lo contrario, y siempre presentan como su "prueba irrefutable" las mal interpretadas enseñanzas de Pablo.

Pero, por favor eche un vistazo a escrituras como 1 Corintios 5:8, donde Pablo, habla de la fiesta de Pascua durante la cual tenemos que deshacernos de la levadura de nuestras casas, dice: "Así que vamos a celebrar el Séder".... (Algunas versiones dicen, "guardar la festividad" o "celebrar la fiesta" ¡que se refiere directamente a la Pascua!) Pablo dijo celebrar la Pascua, no "Domingo de Resurrección" (Easter en Inglés). La Pascua es una de las fiestas que se indica en la Torá (Éxodo 12, Levítico 23:4, Números 9).

Además, Hechos 13:42-44 muestra claramente que los gentiles en Antioquía pidieron más instrucciones de Pablo "en el siguiente día de reposo" (el Shabbat de YHWH es y siempre ha sido el Sábado/el séptimo día) y que casi toda la ciudad llegó a la reunión el siguiente Sábado. **Nunca**

27

hubo ninguna reunión en Domingo (primer día) como "Shabbat". En el tiempo de Yeshua en la Tierra tanto los Judíos como los Gentiles asistían regularmente a la Sinagoga para el culto en el **séptimo día**.

Algunos intentan probar que Pablo celebró una reunión de Shabbat "el primer día" en Hechos 20:7, pero lo cierto es que el grupo estaba participando en el *Motzei Shabbat*, el cual se refiere al tiempo en la tarde inmediatamente después de Shabbat, cuando se reunían para partir el pan y seguir en comunión. En este pasaje en particular se nos dice que Pablo se iría al día siguiente, así que siguió hablando hasta la medianoche. ¡Esto de ninguna manera sugiere que él o sus amigos estaban guardando el Shabbat en Domingo!

Así pues, ¿por qué estuvieron dispuestos los primeros creyentes a reunirse para el Shabbat en el séptimo día? (Utilizo el término "creyentes" en lugar de "cristianos" porque el Cristianismo no existía sino hasta después del año 100 d.C.) Es porque YHWH dijo que SU Shabbat es el séptimo día (Génesis 2:1-3), y ÉL ha ordenado que todo el que lo adore deberá hacerlo **exactamente** como lo hace un Hebreo observante de la Torá:

Números 15:13. **Todos los que nacen nativo** *va hacer estas cosas por este método, mediante la presentación de una ofrenda encendida como aroma agradable a YHWH. 14. En cuanto al resto en su asamblea, habrá una sola ley para ustedes y la misma ley para el extranjero que viven con usted. 15. Este es un **requisito eterno a través de todas sus generaciones**, que a medida que son así será el extranjero delante de YHWH. 16. La misma instrucción y el juicio se aplican por igual a ambos, usted y el extranjero que viven con usted.*

A lo largo de la Biblia no se puede encontrar absolutamente ninguna prueba de que YHWH o Yeshúa hayan declarado como santo al primer día o que lo bendijeron de alguna manera. De hecho, hemos leído que Moisés le dijo a Isra'el en el desierto en el sexto día de la semana, *"Mañana es un santo Shabbat (Sábado), para YHWH..."* (Éxodo 16:23; también véase Isaías 56:2-7).

Al principio cuando los Gentiles aceptaron la Buena Nueva del Mesías Yeshua se convirtieron en observantes de la Tora sin vacilar. Los libros de historia revelan que a finales del siglo I d.C., el número de creyentes Gentiles superaban en número a los creyentes Judíos (obviamente porque fueron, y siguen siendo, más Gentiles en el mundo que Judíos). Pero en última instancia, debido a que algunos creyentes Gentiles habían limitado la comprensión de las raíces Hebreas de su fe y de la alianza eterna de YHWH con Isra'el (Romanos 11:1-2), comenzaron a desviarse para formar una religión aparte que puso en marcha un "El proceso de des-judaización", el cual partió de las enseñanzas originales de Yeshua.

Eventualmente, cuando el Cristianismo Gentil emergió como la fe dominante en "Jesús", eso repentinamente convirtió en tabú para los Judíos el creer en el Mesías Yeshua observante de la Torá, ¡y para "creer" tenían que convertirse al Cristianismo sin la Torá! ¡Llegó el momento en que fueron asesinados por rechazar a "Jesús"! ¿Podría culpar a la mayoría de los Judíos de hoy por no querer nada con él? ¡Los Judíos han sido expulsados por el paganismo que el hombre ha incorporado a las enseñanzas del Creador!

Incluso los Cristianos de hoy siguen advirtiendo a los Judíos que si no dejan de "estar bajo la Ley" y comienzan a "creer en Jesús" (que en nada se parece el Mesías que caminó sobre la Tierra), se irán al infierno - no importa que los Judíos religiosos observantes de la Torá tengan YA una relación sin paralelos con YHWH ¡que pone en vergüenza a cualquier otra "confesión religiosa"!

Retomemos a los "Padres de la Iglesia"....

Debido a su limitada comprensión del Dios de los Judíos y de los conceptos Hebreos, los primeros "Padres de la Iglesia", fueron de mucha utilidad en el cambio de nuestra percepción de YHWH y de su Hijo. Ellos torcieron las Escrituras y añadieron sus propias opiniones; cambiado el nombre de nuestro Salvador a "Jesús" (la letra J ni siquiera existía hasta el siglo XV); cambiado su cumpleaños que fue el primer día de Sucot o Fiesta de los Tabernáculos al 25 de Diciembre (sin importar el hecho de que YHWH nunca dijo que se concentraran en su cumpleaños en absoluto), y sugirieron que Él abolió la Torá de YHWH, así como también el séptimo día Shabbat y las Festividades Bíblicas, ya que los días santos estaban destinados "sólo para Judíos." (¿El mismo Dios con diferentes normas? ¿Tiene eso sentido?) Y, a pesar de que YHWH mandó que **no** tengamos ídolos o nos hiciéramos imágenes talladas de Él, ¡colocaron estatuas de Jesús (y de María) en cada Iglesia Católica y lo colgaron en la cruz en muchas Iglesias Cristianas! Un hombre muerto colgando de un dispositivo de muerte de la Roma pagana... ¿Cómo es que esto pueda representar la Verdad de Dios? No importa que nadie lo haya visto cara a cara en dos mil años y que sea posible proclamar que las estatuas de hoy son una verdadera representación de nuestro Salvador....

Como una bofetada en el rostro de Dios, los Católicos y los Protestantes decidieron que "los Judíos" eran los "malos" y cuando no estaban acosando, encarcelando o torturando a los Judíos durante la Inquisición, en los pogromos o en el Holocausto, ¡los líderes de la Iglesia estaban enseñando que el Judaísmo había sido reemplazado por una nueva religión que tenía nuevas reglas que, por supuesto, de ninguna manera tenían semejanza alguna con el Judaísmo! ¿Cómo pudo haber sido esto posible, ya que los Cristianos decían adorar al mismo Dios que los Judíos - el Dios que la Biblia describe como el mismo hoy, ayer y para siempre (Hebreos 13:8)?

Sea como fuere, los "fundadores de la Iglesia", como Ignacio (35-107 d.C.), Marción (110-160 d.C.) y Tertuliano (155-230 d.C.) fueron fundamentales para adaptar las Escrituras e insertar sus propias opiniones - que fueron inmediatamente tragadas por "el mundo" como el "Evangelio verdadero" que busca liberar a la Iglesia de "falsas doctrinas judías".

La siguiente información acerca de los primeros "Padres de la Iglesia" fue tomada, con permiso, del autor y estudioso del arameo Andrew Gabriel Roth y su colega Baruch ben Daniel, de un apéndice del Nuevo Testamento Arameo – Inglés:

- **Ignacio,** era considerado un "auditor" y "discípulo" de Juan, y fue pionero en la religión cristiana basada en Grecia y fue fundamental en la asimilación del paganismo en el Cristianismo primitivo, empaquetando al Cristianismo con la cultura Greco-Romana Helénica. Ignacio veía a los Judíos seguidores de Yeshúa nada más que como legalistas y judaizantes. Despreciaba a la observancia del Shabbat (Sábado) en favor de sus enseñanzas de establecer como "Día del Señor" al día del Sol y la celebración a Ishtar (Semana Santa, Easter en Inglés). Apenas es posible exagerar la importancia de las cartas de Ignacio en las modernas instituciones cristianas ya que Ignacio fue un jugador clave en el desarrollo de la Iglesia Cristiana de hoy, la promoción de la infalibilidad "de la Iglesia" y la "Iglesia Universal", que había incorporado grandes dosis de paganismo. Si alguna vez hubo un jerarca "cristiano" amoroso de la mentalidad autocrática helenística, ese fue Ignacio quien se dio a si mismo el apodo Theophoros (Portador de Dios) y enseñó que los diáconos, presbíteros y obispos son una categoría distinta de personas, de alto nivel y sublimes, e infundidos con la autoridad de Jesús para ser Señores sobre la gente. Los Cristianos consideran a Ignacio como uno de los personajes más grandes e influyentes de todos los tiempos de la Iglesia Gentil. Él dio instrucciones firmes para que "sin la supervisión de los Obispos, ni bautizos o fiestas de amor fueran permitidos". También creía que María es la eterna virgen madre de Dios.

- **Tertuliano:** Uno de los "logros" más conocidos de Tertuliano fue el caer en un trance y profetizar "bajo la influencia del Espíritu Santo", y remarcó que sus expresiones eran la voz del Espíritu Santo. Aunque hurgando en toda clase de paganismo y espiritismo, Tertuliano recogió una "unción" del "Espíritu Santo" y acuñó la palabra "Trinidad", que es una de las doctrinas más amadas de la Iglesia para el día de hoy (en un capítulo posterior hablaré más sobre ésto). La doctrina de las "Santísima Trinidad" florece en la jerarquía religiosa con la cual se ven como una estructura piramidal de tres lados. Las obras de Tertuliano abundan en juegos de palabras, ingenio, sarcasmo y un continuo golpeteo a sus oponentes con diatribas.

- **Marción:** Todo cristiano que utiliza el término "Antiguo" y "Nuevo" Testamento deben quitarse el sombrero ante Marción ya que él fue el que acuñó los términos que reflejan a la perfección la mentalidad helenística del mundo pagano, que es ignorante de la Torá. Marción enseñó que el Antiguo y el Nuevo Testamento no se pueden conciliar uno con el otro, y ésto es precisamente lo que oímos en las iglesias cristianas de hoy.

Vamos a examinar algunos de los escritos de estos primeros "Padres de la Iglesia" comenzando por Marción, quien enseñó lo siguiente:

1. Moisés dijo en la Ley "ojo por ojo", y que Jesús revirtió eso

2. Eliseo causó que un oso devorara a unos niños, pero Jesús dijo: "Dejen que los niños vengan a mí".

3. Josué detuvo el sol en su camino para continuar masacrando al enemigo, pero Pablo dijo, "no se ponga el sol sobre vuestro enojo".

4. El "Antiguo Testamento" permite el divorcio y la poligamia, pero el "Nuevo Testamento" niega ambas cosas.

5. Moisés obligó a los judíos a cumplir el Sábado y la Ley, pero Jesús liberó a los creyentes de ambos.

6. Dios ordenó que no se hiciera ningún trabajo en Sábado, sin embargo, Él les dijo a los israelitas que llevaran el arca alrededor de Jericó siete veces en el Sábado.

7. Las imágenes fueron prohibidas por los Diez Mandamientos, pero Moisés recibió instrucciones de hacer una serpiente de bronce.

8. El Dios del Antiguo Testamento no podía ser omnisciente, de lo contrario no habría preguntado: "Adán ¿dónde estás?" (Génesis 3:9)

9. El Dios del Antiguo Testamento era un Dios de la venganza despiadada, la crueldad y la ira, pero Jesús estaba lleno de gracia y compasión.

10. Acuñó los términos "Antiguo y Nuevo Testamento."

Aquí están los verdaderos significados bíblicos:

1. "Ojo por ojo" es una expresión idiomática y/o término jurídico que significa restituir el valor equivalente. No sugiere en modo alguno el castigo físico de la misma

forma al infractor. El valor de los ojos, oídos, nariz o en el brazo debe ser restituido por la persona que hirió.

2. Eliseo maldijo a los jovencitos que se burlaban en nombre de YHWH. Como resultado 42 fueron destrozados por dos osas. El número 42 representa los desastres hacia aquellos que se vuelven contra YHWH. Hubo 42.000 hijos de Efraín muertos en Jueces 12:6; en 2 Reyes 10:14 fueron 42 los parientes de Ocozías muertos a manos de Jehú. De acuerdo con Apocalipsis 11:2 los gentiles causarán estragos y harán toda clase de blasfemia durante 42 meses, y debido a que existe una relación entre el número 42 y el nombre del Altísimo, esto podría referirse a que los gentiles obligaran al mundo a postrarse ante su dios Jesús, o morirán. Aunque esto en sí mismo no es nada nuevo, YHWH le pondrá fin a esto al levantar a sus dos testigos. Eliseo resucitó a un niño de entre los muertos y mostró su gran compasión por los niños en otros pasajes de las Escrituras. Marción al ver el Tanak (la Biblia Hebrea que los Cristianos llaman el "Antiguo Testamento") a través de la cultura Griega con su humanismo y falso Cristianismo en lugar de hacerlo con una mentalidad Hebrea, ¡no está juzgando a Eliseo, sino a YHWH!

Josué habría pasado momentos muy difíciles si hubiera intentado "detener el Sol" con sus propias fuerzas. Josué 10:11-13 registra que el mayor número de personas murió cuando YHWH hizo descender sobre ellos piedras de granizo, que los que los ejércitos de Josué mató. Josué es la traducción del nombre Hebreo Yehoshua, el mismo nombre que

Yeshua, es un tipo de Mashiaj. Marción y el falso Cristianismo están juzgando a YHWH y hacen caso omiso de la soberana autoridad de YHWH y Su Palabra (la Torá) con su propio sistema de injusticia. En realidad, los Cristianos han matado a más personas en el nombre de su religión, que los antiguos israelitas a quienes YHWH les dio instrucciones de "destruir sus altares, romper sus imágenes, y derribar sus estatuas", que era para que Israel no cayera en la tentación de sacrificar a los dioses paganos o hacer dioses de metal fundido (Shemot/Éxodo 34:12-17): *12. Y estar en guardia contra de hacer cualquier acuerdo con los habitantes de la tierra en la que están pasando, o de lo contrario se convertirá en una trampa entre ustedes. 13. En su lugar, van a derribar sus altares y destruye por completo sus pilares y reducir su diosa-polos Asherim [Aseras] 14. Porque no va a adorar a otro dios por YHWH, cuyo nombre es "celoso", es un celoso Elohim, 15. O de lo contrario a un acuerdo con los habitantes de esta tierra y que se prostituyen a sus dioses 16. Y hacer que sus hijos e hijas también se prostituyen a sus dioses. 17. Usted hará por vosotros mismos no fundidas dios-imágenes.*

3. (Vayikrá/Levítico 20:4-5). En Petra, Jordania, los arqueólogos han encontrado evidencias de rituales paganos, donde les cortaban los corazones a los niños y mientas seguían latiendo los sacrificaban, y la sangre era ofrecida al dios Sol. Es por eso que YHWH les mandó que los borraran de la faz de la tierra. Los que tienen problemas con esto se debe a que ignoran las intenciones de los Mandamientos de YHWH. Pero, antes de que Mashiaj vuelva, YHWH santificará la tierra y establecerá su gobierno. Y, por último, las piedras de granizo en Josué 10:11 nos recuerdan a Sodoma y Gomorra, lo cual no podría haber sido muy

popular entre Marción y sus amigos ya que vivían en una cultura donde la sodomía era común.

4. Moshé (Moisés) permitió el divorcio, pero la mayoría de los cristianos ignoran el proceso y las consecuencias de obtener la liberación de una alianza matrimonial, mientras que la falacia* de la mujer sorprendida en adulterio en Juan 8:1-11 no mostró consecuencias por adulterio. En casos de poligamia Y YHWH dijo en D'varim/Deuteronomio 17:17 que "Tampoco tendrá muchas mujeres." (*Los versículos 1-11 de Juan 8 no aparecen en los manuscritos más antiguos arameo, ni los primeros cuatro manuscritos griegos.)

5. El Shabbat fue dado por YHWH en la creación del mundo. Mashiaj y todos los *shlijim* (apóstoles) observaron el Shabbat y llevaban a los gentiles a las sinagogas en Shabbat para que aprendieran sobre el Reino de YHWH. La asimilación de una cultura pagana en el Cristianismo cambió la adoración de Shabbat por el Domingo.

6. No se nos dice que los siete días comenzaron el primer día de la semana (Domingo), por lo que no se puede asumir que el séptimo día de Jericó fue también un Shabbat semanal. Los israelitas acababan de observar Pesaj (Pascua), por lo tanto, todo el ciclo de los siete días de Jericó pudo haber comenzado el primer día de Hag HaMatzah (Fiesta de los Panes sin Levadura). El libro de Jasher declara que YHWH le dijo a Josué en el primer día del segundo mes - de nuevo, esto no significa necesariamente que era el primer día de la semana. La suposición de Marción es

simplemente un intento de juzgar la autoridad de YHWH. Quien dio la orden de marcha y derribó los muros de Jericó fue YHWH. Parece Marción tenía una malvada imaginación.

7. La serpiente de bronce en el palo era el antídoto para el veneno de la serpiente, los que miraba a la serpiente de bronce se salvaron. Los que miran al siervo sufriente en el madero se salvan de la mordedura de la serpiente Ha Satán (Satanás). Marción deliberadamente optó por olvidar que no estaban adorando a la serpiente, sin embargo, juzgó a la Autoridad y a la Palabra de YHWH de ser defectuosa.

8. Marción, aparentemente, no podía apreciar que YHWH en su misericordia les dio a Adán y Eva la oportunidad de rectificar después de haberlo desobedecido.

9. El padre de Marción fue un obispo de la iglesia cristiana, por lo que Marción simplemente estaba dando más pasos para definir el cristianismo como una religión basada en el helenismo.

10. Al sustituir la palabra "Pacto" con "Testamento", los teólogos griegos intentaron separar Jeremías 31:31-34 de las enseñanzas de Yeshua y sus apóstoles, y crear una brecha entre Yeshua y su Padre YHWH, para así dar sustento a la deidad de Jesús.

En vista de lo que acaba de leer, seguramente puede ver que los "Padres de la Iglesia" fueron definitivamente los culpable de "ajustar" o torcer las Escrituras. Algunos dirían que, aunque podría haber habido un ligero problema de semántica, eso realmente no es un cambio de gran importancia.

Pero, si eso no realmente es un cambio de gran importancia, entonces quizás necesite verlo de otra manera: ¿si alguien estuviera horneando galletas caseras con un poco de estiércol de vaca mezclada en la masa, comería ellos – a pesar de que hubo sólo una pizca de estiércol de vaca mezclada en las galletas? ¡Por supuesto que no! Por lo tanto, ¿por qué está usted dispuesto a aceptar el malentendido, la errónea interpretación y paganismo que corrompe la perfecta Palabra de Dios?

¿Deberían los Cristianos Ser Observantes de la Torá?

Capítulo 3

Y ahora, regresemos a la Torá...

A la luz de la información contenida en los primeros dos capítulos, puede empezar a ver por qué necesitamos hacernos la pregunta: ¿por qué la muerte de Yeshua en el madero de repente abolió las divinas instrucciones originales de YHWH o niega los "para siempre" de sus Mandamientos?

En los tiempos bíblicos, el pueblo tenía por lo menos una excusa válida para "ir por el camino equivocado": ¡Ellos siguieron ciegamente sus rabinos debido a que no podían leer las Escrituras! Pero los creyentes de hoy en día no pueden hacer esta misma afirmación, así que ¿por qué las personas **todavía** siguen ciegamente los escritos de los "Padres de la Iglesia" o de los líderes de la Congregación y permiten a sí mismos que sean conducidos por un camino que los ha llevado completamente lejos de la verdad bíblica? ¿Por qué los creyentes no leen la Palabra de Dios y levantan su voz cuando algo parece "incorrecto"?

Este sería un buen momento para preguntar: ¿alguna vez te has preguntado por qué hay tantas y diversas denominaciones cristianas, y cada una de ellas pretende

41

ser "la correcta"? La respuesta es: debido a que todas ellas están adhiriéndose **sólo al último tercio de la Biblia** e ¡ignorando las enseñanzas de YHWH! Totalmente han ignorado las enseñanzas que revelan exactamente quién es Él, cómo debemos adorarlo a Él, y cómo debemos tratarnos de acuerdo con sus deseos. Eso es como leer el final de una novela sin molestarse en leer y entender lo que ocurrió en los primeros dos tercios. (Y esto referente sólo al cristianismo; no estoy hablando de las miríadas de "religiones" creadas por el hombre que abundan en el mundo que ¡ni siquiera reconocen a YHWH como creador en absoluto! Tendrán que "cargar sus cruces" en el Día del Juicio...)

Independientemente, **HAY** miles de denominaciones y la mayoría de los cristianos rápidamente señalan que en Jeremías 31 dice que Dios nos prometió un nuevo pacto basado en la "Gracia" y por lo tanto, todo lo que se requiere para entrar en el cielo es "creer en Jesús". La pregunta es ¿desde cuándo la gracia es un permiso para pasar por alto las reglas de justicia de YHWH?

Al leer las "letras pequeñas" de Jeremías 31:30 (verso 31 en algunas versiones) descubrimos que el "Nuevo Pacto" **NO** se hizo con los gentiles, ni con cualquier otra denominación "religiosa", sino más bien con las observantes de la Torá casas de **Israel** y de **Judá** solamente:

Jeremías 31:31. ¡Mirad! Se acerca el día, dice YHWH, cuando voy a forjar un nuevo pacto con la casa de Israel y la casa de Yehudah (Judá).

42

Tenga en cuenta que YHWH no hizo un "nuevo pacto" con los gentiles, ¡porque Él no tenía un "viejo pacto" con los gentiles! Sin embargo, Él extendió su gracia y misericordia a los gentiles quienes, ¡una vez que se convierten en creyentes en Yeshúa, automáticamente pasan a formar parte de Israel!

Romanos 11:16. En efecto, si los primeros frutos (son) aparte, entonces el resto de la masa (que vino de es) también: y si la raíz es separado, entonces también las ramas. 17. Y si algunas de las ramas fueron arrancadas, y tú, una aceituna en el desierto, estaban en injertado en su lugar y se han convertido en el heredero de la raíz y la rica savia del olivo; 18. No jactarse más con las ramas. Por si te jactas, no mantener la raíz, sino la raíz te sostiene. 19. Y si dicen que las ramas fueron arrancadas para que yo fuese injertado en su lugar. 20. Muy cierto. Ellos fueron arrancados por no haber creído, y que destacan por la fe. Pero no se elevó en su mente, pero el miedo.

Y Dios le dice a Israel:

Proverbios 4:2. "Porque os he dado una buena enseñanza, no abandonen Mi Torá." (Stone Edición del Tanak)

El Nuevo Testamento Peshita aclara el concepto erróneo sobre el "nuevo pacto" en Jeremías 31:31-34 explicando Hebreos 8:

Hebreos 8:10. Pero este es el pacto que voy a dar a la familia de la casa de Israel después de aquellos días, dice el Maestro YHWH: Pondré Mi Torá en sus mentes y se inscriben en su corazón; y yo seré a ellos un Elohim, y ellos Me serán a Mí por pueblo. 11. Y no enseñará a su hijo de la ciudad ni a su hermano, ni digo: Conoce a Maestro YHWH: porque todos Me conocerán, desde el más joven de ellos al más antiguo. 12. Y yo les perdonaré su maldad y sus pecados no Me acordaré más. 13. En lo que dijo un Nuevo (Pacto), que por viejo al primero; y lo que es viejo y decadente, está cerca de desaparecer.

El contexto es Jeremías 31:31-34; lo que está *"próximo a la destrucción"*, es la naturaleza pecaminosa del hombre que viola la Torá, no la norma de la Torá. Recuerda que **NOSOTROS** violamos la Torá, no YHWH. YHWH no baja el nivel de la Torá porque Israel eligió la desobediencia, sino que Él estableció un Pacto Renovado para escribir la Torá en el corazón a través de la obra del Ruaj HaKodesh (Espíritu Santo), según Mashiaj (Mesías). El hecho es que en Mashiaj, YHWH elevó el nivel; Él magnificó la Torá, ver Isaías 42:21. Porque la humanidad rompió el Pacto, YHWH requiere la renovación completa de nuestra parte y no la parte de YHWH en el Pacto. Este versículo en su forma retorcida se convirtió en una de "las joyas de la corona" del Cristianismo sin Torá que enseña que la Torá se va desgastando y pronta a desaparecer, pero nada podría estar más lejos de la verdad, como muestra el siguiente:

*2 **Pedro** 3:14. Por lo tanto, amados míos, como se espera de estas cosas, se esfuerzan por que se puede encontrar por él en paz, sin mancha y sin defecto. 15. Y cuenta el prolongado sufrimiento del Maestro YHWH para ser redención, como también nuestro amado hermano Pablo, según la sabiduría que le confiere, os ha escrito, 16. Como también en todas sus cartas habla en ellas de estas cosas en las que hay algo difícil de entender; (y) que aquellos que pervierten son ignorantes e inestables, como lo hacen también el resto de las Escrituras, para su propia destrucción. 17. Por lo tanto, amados míos, como ustedes saben (estas cosas) de antemano, guardaos, o bien, por ir tras el error de la Torá menos, caigáis de vuestra firmeza. 18. Pero es que **creciendo en gracia** y en el conocimiento de nuestro Señor y Redentor Yeshua* *el Mashiyach y de Elohim el Padre: de quién es la gloria ahora y siempre y para los días de la eternidad. Amén.*

¿Observa en el párrafo anterior que Pedro escribe de cómo las cartas de Pablo las habían convertido en un fiasco la desobediencia a la Torá, incluso en los días de Pedro? Ciertamente no fueron los Fariseos quienes fueron renunciando a la observancia de la Torá, sino el humanista, pagano y materialista, "modernistas", que operaba bajo etiquetas "Cristianas".

Asimismo, es importante comprender que la gracia es lo contrario de desobediencia a la Torá. El Pacto Renovado establece que la Torá será escrita en el corazón del pueblo de YHWH; por lo tanto, cuando permitimos que Él escriba la Torá en nuestros corazones, estamos recibiendo Torá por Su Gracia y entramos en el Pacto Renovado.

Entonces, ¿qué es exactamente la Torá?

Para explicar lo que la Torá es, vamos a empezar con lo que no es:

la Torá no es legalismo (requisitos establecidos por los hombres).

Torá no es "la ley", que supuestamente fue abolida en la cruz, según el entendimiento cristiano, sino, más bien, la Torá comprende la enseñanza original de Dios y sus instrucciones; Sus "haz" y sus "no hagas"; Su plan para una vida moral. Este plan, tal como se mencionó anteriormente, está contenido dentro de los cinco primeros libros de la Biblia: Génesis, Éxodo, Levítico, Números y Deuteronomio, también llamado "Pentateuco" - y puede encontrarse en varios versículos "para siempre", incluyendo a 2 Crónicas 7:14-22 los cuales muestran que YAHVÉ mandó a los **creyentes a seguir sus leyes y resoluciones para siempre**:

2 Crónicas 7:14. "... Si Mi pueblo se llama por Mi nombre, se humilla, y buscan Mi presencia y volver de sus malos caminos, entonces Yo oiré desde los cielos, y perdonaré sus pecados, y sanaré su tierra. 15. Luego también Mis ojos estarán abiertos y Mis oídos se inclina con atención a la oración que se hace en este lugar. 16. Por ahora he escogido y apartado a esta Cámara que Mi nombre podrán residir en ellas durante toda la eternidad y Mis ojos y Mi corazón estará allí de forma continua y todos los días. 17. Y en cuanto a ti, si andas delante de Mí como su antepasado David entró incluso a hacer y mantener todo lo que os he mandado, y guardare todos Mis estatutos y ordenanzas, 18. Entonces Me levantaré a tu trono real como lo había tallado y lo puso delante de su padre David, diciendo: Nunca te faltará un descendiente de sentarse en el trono de Israel. 19. Pero, si volvéis la espalda y dejar de lado Mis estatutos y mandamientos que os he puesto delante de ti y que vaya en pos de dioses falsos y inclinarás a ellas, 20. Entonces yo te arrancan de la tierra que les di y esta Cámara que os he puesto aparte de Mi nombre, yo lo tiro de Mi Presencia. Que lo convertirá en una parábola y una burla verbal de corte en todas las naciones. 21. En cuanto a esta Cámara, que fue traído las Grandes Alturas que conoce del todo el mundo será estupefacto y decir: ¿Por qué YHWH hizo su casa y la tierra en esta [destrucción]? 22. Y dirán, porque abandonó YHWH, el Elohim de sus antepasados que los sacó de la tierra de Egipto y en lugar de que se fortalecieron con otros dioses y se inclinó y les sirvió, por lo que Él ha traído todo este mal sobre ellos."

¡Los cristianos de hoy están incluidos entre los "extranjeros" que se mencionan en Números 15:15-16 que aman al Dios de Abraham, de Isaac y de Jacob! ¡**Usted** es una parte de Israel - Aleluya! De acuerdo a Gálatas 3:27-29, los creyentes son "uno en el Mesías" - "¡la simiente de Abraham!" Pero, sin embargo, la mayoría han optado por ignorar (o, al menos, se han olvidado, o se lo dicen a sí mismos) el hecho de que Yeshua, el YHWH Salvador enviado a la Tierra como " YHWH en la carne" se reveló como un observante de la Torá, del Shabbat como día de reposo, y de observó las fiestas, era un Judío kosher ¡que "caminó" perfectamente en la Torá! (Y sólo porque Yeshua obedeció la Torá no significa que Él cumplió todas las profecías. De hecho, a su regreso seguirá cumpliendo con las últimas tres de las siete fiestas.)

La mayoría no parecen estar conscientes de que "cumplido" no significa "abolido" o "poner fin a". Por ejemplo, cuando usted nació le cumplió el sueño de su madre de tener un hijo. ¿Sería eso ponerle fía a usted? ¡No! Esto significa que usted está aquí y que hay un propósito más allá de "nacer" para usted.

Y ahora ya que usted está aquí, tiene que aprender algunas reglas y reglamentos para tener una vida segura. Cuando sus padres le enseñan a no meter el dedo en un enchufe eléctrico, ¿queda anulada esa instrucción cuando se convierte en un adulto? ¿Debería usted cruzar una carretera muy transitada, sin primero mirar a ambas lados, sólo porque usted ya no vive con sus padres? ¿Estará "bien" intimidar o matar a alguien con quien usted ha tenido un desacuerdo? ¡Por supuesto que no! Algunas reglas son "para siempre". Lo mismo se aplica a su relación con YHWH.

Yeshua dijo: *"Yo y el Padre uno somos"* (Juan 10:30).

¿Podía haber declarado esto más claramente? YHWH y Yeshua son el **UNO** que es el mismo ayer, hoy y para siempre (Hebreos 13:8), entonces ¿por qué han YHWH envió a su Hijo (que era "un brazo de Yahvé", Isaías 53:1) como un Judío observante de la Torá si no como un ejemplo a seguir para nosotros? ¿Por qué habría mandó a su Hijo para abolir las divinas instrucciones para su la justicia? ¿Cuándo indicó YHWH que la Torá sería "clavada en la cruz" o que iba a ser considerada una "maldición" después de la muerte de Yeshúa, como insisten la mayoría de los cristianos de hoy?

El plan de Dios para la vida santa y el comportamiento no se dio como una cosa temporal. Él claramente dijo que su pueblo sería reconocido por la obediencia a sus Mandamientos "para siempre" - porque estas leyes permanentes son las que separan a los creyentes del resto del mundo, y de las religiones paganas. Repasemos algunos ejemplos de algunos de estos estatutos Mandamientos "para siempre" de Dios:

En cuanto a que la tierra de Israel pertenece a Abraham ya sus descendientes:

*Génesis 13:15. Por toda la tierra que ves, te la doy, ya tu simiente **para siempre**...*

Referente a la Festividad del Pesaj (Pascua):

*Éxodo 12:24. Y se desea conservar estas instrucciones para ti y tus descendientes **para siempre**.*

En cuanto a las Festividades Bíblicas y el séptimo día de reposo (Shabbat):

*Éxodo 31:12. Y YHWH habló a Moshé (Moisés) diciendo, 13. "Habla a los hijos de Israel y diles: "Usted seguramente vigilar y cuenta de mi Shabbats (Sábados), porque esto es una señal entre Mí y vosotros **por vuestras generaciones**, para que usted sepa que yo soy YHWH que le ha apartado para mí. 14. Por lo tanto, son para mantener mi Shabbat (Sábado) (el séptimo día semanal), ya que es apartada para usted. Todos los que lo trata como si fuera un día normal debe ser condenado a muerte, porque el que haga algún trabajo en que se va a cortar lejos de lo íntimo de su pueblo.*

Por favor observe que, *"Usted seguramente vigilar y cuenta de mi Shabbats (Sábados),"*, incluye los Shabbots anuales, que se adjuntan a las otras fiestas y se cuentan como días de descanso, sin importa en cual día de la semana caiga. También debe tenerse en cuenta la frase, *"porque el que haga algún trabajo en que se va a cortar lejos de lo íntimo de su pueblo"*: Esto que se expresa aquí no es sólo un retiro ocasional, sino una separación brutal y distanciamiento del autor del delito de todos los que conoce y ama.

Levítico 23:2. Habla a los hijos de Israel: Estas son las Mo'edim - los tiempos señalados de YHWH que se proclaman como ocasiones apartadas.

Una vez más: ¿Quiénes son "el pueblo de Israel"? ¡Cualquiera que siga al Dios de Abraham, de Isaac y de Jacob! No puede dejar de enfatizarse que, como creyente cristiano USTED es una rama injertada en el olivo cultivado y debe ser obediente a la Torá, debe comer kosher, guardar el séptimo día (Sábado) y las Festividades Bíblicas – ¡las cuales apuntan hacia Yeshua!

*Éxodo 31:16. Así que el pueblo de Israel es para vigilar y preservar el Shabbat (Sábado), para **mantener el Shabbat (Sábado) por todas*** *sus generaciones por pacto perpetuo. 17. Es una señal entre Mí y el pueblo de Israel por toda la eternidad, porque en seis días YHWH hizo los cielos y la tierra, pero en el séptimo día Él terminó Su trabajo y descansó."'*

En el versículo 17 más arriba, note que el punto de vista ha cambiado de YHWH hablándole a Moshé y diciéndole qué decir, a Moshé resumiendo los comentarios aquí porque YHWH se llama "YO SOY" y no "Él es". En muchos otros pasajes aunque YHWH dirá: "Yo, YHWH ", el cual es su nombre para la humanidad, pero para sí mismo es "Yo, Él que es, dice..."

Por favor, observe que el Sábado es una **señal** de YHWH, su sello que representa su autoridad como Creador. ¡Es lo que separara a los "creyentes" de todos aquellos que son ateos o que sirven a otros dioses!

Los que tienen el sello o "Marca de Dios" (Génesis 4:15, Ezequiel 9:4, Ezequiel 9:6, Juan 6:27, 2 Corintios 1:2, Efesios 1: 13, Efesios 4:30, 2 Timoteo 2:19) no sólo son los que tienen el testimonio de nuestro Mesías, sino que también son observantes de la Torá (Apocalipsis 12:17, 14:12) al igual que Yeshúa que se mantuvo kosher y observaba el séptimo día Sábado y las Festividades, etc.

Apocalipsis 12:17. "El dragón se enfureció más a la mujer y se fue a luchar contra el resto de sus hijos, los que obedecen los mandamientos de Elohim y dar testimonio de Yeshua."

Apocalipsis 14:12. Aquí está la paciencia de los creyentes apartados que guardan los mandamientos de Elohim, y la fe de Yshua.

"La Fidelidad de Yeshua" incluye el hecho de que Él era completamente observante de la Torá - ¡y Él **nunca** sugirió que la Torá se podía tirar por la ventana después de su muerte! Ahora, ¿quiénes son los que obedecen los mandamientos de Dios **y** dan testimonio de Yeshua? ¡Ciertamente no son los que se niegan a cumplir con la Torá! Los "mandamientos" no se refieren sólo a los Diez Mandamientos, sino a TODOS los mandamientos de YHWH, sin los cuales no seríamos mejor que los "paganos"....

Siempre debemos recordar que YHWH continuamente advirtió a Israel que no siga a las naciones gentiles y sus costumbres paganas:

Deuteronomio 18:9. "Cuando entres a la tierra que YHWH tu Elohim te da, no aprenderás a hacer según las costumbres depravadas de esas naciones. 10. Ninguno de ustedes es para hacer pasar a su hijo o hija por el fuego. Además, ninguno de vosotros puede practicar la adivinación o hechizos de brujería o de yeso o adivinar el futuro. 11. Ninguno de vosotros se le permite consultar a un medio o un espíritu familiar o preguntas de los muertos. 12. Todo el que hace estas cosas es una abominación a YHWH, y YHWH tu Elohim está llevando a cabo los habitantes de esas naciones a causa de estas abominaciones que ellos están haciendo. 13. Usted debe ser sincero con YHWH tu Elohim. 14. En estos países, que heredará, practican la adivinación y la brujería, pero que, YHWH tu Elohim no lo permite entre vosotros."

La excusa de la "Teología del Reemplazo"...

Usando ciertos versículos mal entendidos/mal interpretado como "prueba" de que los Judíos fueron maldecidos y ya no son el pueblo escogido de Dios, algunos cristianos insisten en que "la iglesia" ha reemplazado a Israel y, por consiguiente no están obligados a adherirse a las enseñanzas del Antiguo Testamento. Por ejemplo:

Mateo 27:25. Y respondiendo todo el pueblo y dijo: "Que su sangre caiga sobre nosotros y sobre nuestros hijos".

¿Lo anterior significa que existe una maldición sobre los Judíos? ¡No! En primer lugar, aquí se hace referencia a Éxodo 20:4, lo que indica que YHWH visita los pecados hasta la cuarta generación. Algunos de los Sanedrín estaban preocupados de que Yeshua era inocente, ellos llegaron a la conclusión de que si él era inocente, en el peor de los casos eso les traería una maldición sobre ellos que duraría cuatro generaciones. Sin embargo, si Yeshua era culpable y si los romanos se enojaban, temían que Israel sería borrado de la faz de la tierra, por lo tanto, no sólo cuatro generaciones, sino todas las generaciones futuras se verían afectadas. Esta idea fue dicha por el Sumo Sacerdote en Juan 11:48. Este grave mal entendido (o torcido) verso fue transformado en una "maldición" por los cristianos contra el pueblo judío.

"La Teología del Reemplazo" parece ser endémica en algunas de nuestras iglesias cristianas modernas. Pero, ¿qué dice la Biblia sobre esto?

Moshé (Moisés) dijo a la gente de Israel:

Deuteronomio 7:6. Porque tú eres un pueblo apartado de YHWH tu Elohim. YHWH tu Elohim te ha elegido entre todos los pueblos de la tierra para ser su propio tesoro precioso. 7. No era que eran los más numerosos de todas las naciones que YHWH puso su corazón hacia ti y te escogió. ¡Muy por el contrario, desde que era el más pequeño de todos los pueblos! 8. Por el contrario, debido a YHWH te amaba y se mantiene la cuenta de su juramento que juró a tus padres, YHWH, entonces sacó con mano fuerte y os ha rescatado de casa de servidumbre de debajo de la mano de Faraón, Gobernante del Egipto.

NOTA: En el pensamiento hebraico cada parte principal de la vida tiene una "casa", buena o mala, en la cual se nos dice que vamos a residir. Así que tenemos una "casa" de la vida, una "casa" de maldad y, en este caso, una casa de servidumbre (esclavitud), y una casa de la libertad.

El profeta Jeremías escribió:

***Jeremías 31:37.** (36 en algunas versiones) Así ha dicho YHWH: Si los altos cielos pueden ser medidos y las bases buscado desde abajo, entonces yo también desecharé **la descendencia de Israel** por todo lo que hemos hecho, así ha dicho YHWH.*

Y el Profeta Isaías dijo:

***Isaías 66:22.** Por tan sólo como los cielos nuevos y la tierra nueva que estoy haciendo permanecerán delante de Mi rostro, también lo será **tu descendencia y su nombre** perdurará. 23. Desde Nueva Luna (mes) de Luna Nueva y de Shabbat (Sábado) a Shabbat (Sábado), toda la humanidad vendrá a postrarse delante de Mí, dice YHWH.*

En otras palabras, **nadie ha** sustituido a los descendientes de Israel (los Judíos) como los "escogidos" de YHWH y nunca cambió sus mandamientos "para siempre" de YHWH para encajar en la teología de los cristianos de hoy en día. Los cristianos, en su mayor parte, han tomado el Dios de Abraham, de Isaac, y de Jacob, y lo han convertido en alguien irreconocible. En muchos casos, Él es representado como alguien de ojos azules, cabello largo, un "Adonis" rubio en lugar del que usa el talit (manto de oración), que observaba el Sábado, y el Judío observante de la Tora que Él era.

En la alegoría del olivo de Romanos 11, el Rav (Rabí) Shaúl (Apóstol Pablo) dice que la raíz del olivo (Israel) era santa y que los Gentiles, a través de la muerte expiatoria del Mesías Yeshua, han sido injertados y podrían por lo tanto participar de la savia nutritiva de la raíz del olivo. También advirtió que no deben sentirse superiores porque ellos no eran la santa raíz original, sino que fueron ramas "injertadas" que podría ser cortadas tan fácilmente como las ramas naturales.

¡El ser "injertados" no significa en modo alguno que los cristianos han "reemplazado" el pueblo judío! No hay denominaciones "cristianas" en el Reino de YHWH, ¡sólo hay Israel! El injerto en es un gran privilegio que requiere que se den cuenta que fueron santificados por Él (Romanos 12:1). Y junto con el privilegio viene la responsabilidad de obedecer sus mandamientos "para siempre"...

Deuteronomio 5:26. ¡Cómo yo fervientemente desearía para sus seres más íntimos de permanecer como hasta ahora para siempre, que entendieran Mi majestad y obedecer todo lo de Mi Mitzvot (mandamientos), de modo que todos pueden ser agradables para ellos y sus hijos para siempre!

Ezequiel 20:11. Yo les di Mis estatutos y Mis preceptos, les mostró, a través del cual si una persona obedece a que él tenga la vida a través de ellos. 12. Yo les di Mi Shabbats (Sábados) a ser una señal entre Mí y ellos, para que supieran que Yo, YHWH, soy El que les hace apartado.

Capítulo 4

La Torá existía "en el principio…"

Volviendo a nuestra discusión de la Torá – la Torá recorre todo el camino de regreso al Jardín del Edén cuando YHWH le dio a Adán y Eva una instrucción sencilla, fue que permanecieran lejos del árbol del conocimiento del bien y del mal:

Génesis 2:16. Y YHWH Elohim mandó al hombre diciendo: De todo árbol del huerto podrás comer; 17. Pero del árbol del conocimiento del bien y del mal no comerás de él: porque el día que que de él comas, ciertamente morirás.

YHWH no podría haberlo hecho más claro: con solo una excepción, Adán y Eva se les permitió comer de todo árbol en el jardín, entre otros del "árbol de la vida" (Génesis 2:9). Comer la fruta del árbol del conocimiento del bien y del mal, sin embargo, significó la muerte (note que Dios no dijo "de inmediato morirás físicamente", sino "ciertamente" morirás). Si Adán y Eva hubieran optado por obedecer a Dios en lugar de dejarse engañar por Satanás, las cosas seguramente hubiera sido diferente para la humanidad!

De todos modos, aquí tenemos la primera indicación de que romper los mandamientos de la Torá de YHWH es un acto letal – un acto que requiere un sacrificio de sangre/animal. Por favor, tenga en cuenta que, en el Génesis 3:21, tenemos el sacrificio de animal por el pecado más antiguo que sea conocido, lo primero que YHWH hizo inmediatamente después del enfrentar a Adán y Eva por de su transgresión, fue cubrirlos con la piel de un animal inocente, sacrificado sólo por y para ellos – ¡un animal sin duda que ellos habían conocido y le habían puesto nombre!

Poco después de ser expulsados del Jardín del Edén por su desobediencia, se nos muestran las luchas de la humanidad, comenzando con la historia de cómo Caín mató a Abel por una celosa rabia sobre sus ofrendas de sacrificio por sus pecados:

Génesis 4:2. Y otra vez dio a luz a su hermano Abel. Y Abel fue pastor de ovejas, y Caín fue labrador de la tierra. 3. Y en el transcurso del tiempo aconteció, que Caín trajo del fruto de la tierra una ofrenda a YHWH. 4. Y Abel trajo también de los primogénitos de su rebaño y su grasa. Y YHWH había respecto a Abel y a su ofrenda: 5. pero a Caín y su ofrenda no había respecto. Y Caín se enojó mucho, y decayó su semblante. 6. Y YHWH dijo a Caín: ¿Por qué estás tan enojado? ¿Y por qué está decaído tu semblante? 7. ¿Si lo haces bien, no lo sea levantado? Y si no hicieres bien, el pecado acechando como fiera en la puerta, y al que será su deseo, pero se puede gobernar sobre ella.

En este punto, cabe preguntarse: ¿Cómo sabían Caín y Abel que tenían que dar ofrendas por el pecado a YHWH? ¿Por qué el Creador acepta la ofrenda de Abel y no la de Caín? ¿Él se inventó unas normas nuevas por la emoción del momento? ¡No! Lo anterior es evidencia de que Caín y Abel ya sabían distinguir "el bien del mal" - fueron enseñados, sin duda, por sus padres, que tenían "la ley" establecidas para ellos por YHWH mismo, y ellos sabían las reglas sobre ciertos sacrificios. ¡Todo el escenario es la prueba de que la Torá - de Dios para instruir en justicia – claramente estaba con nosotros desde el principio! Estas instrucciones incluyen la expiación por el pecado:

Hebreos 9:22. ...porque todo lo que, de acuerdo a la Torá, es purificado con sangre, y sin derramamiento de sangre no hay perdón de los pecados.

Aunque la Biblia no nos diga exactamente dónde y cómo YHWH le mostró a su creación la manera adecuada para ofrecer sacrificios por el pecado, lo cierto es que el mandamiento fue transmitido en algún momento; y transmitido de una generación a la siguiente: hasta el día que nuestro Salvador fue crucificado; por lo tanto, su sacrificio abolió la necesidad de sacrificios por el pecado para siempre.

Sin embargo, es imperativo recordar que nuestra relación con Dios no terminó sólo porque el Hombre era propenso a pecar. El Hombre en última instancia sufrió las consecuencias de su desobediencia – una sentencia de muerte – que cambió la relación con YHWH, pero que no le pone fin a la misma, gracias a SU paciencia, gracia y misericordia.

Noé (que no era "Judío") conocía la Torá

Romanos 6:23 nos dice, la última consecuencia del pecado es la muerte. En el tiempo de Noé, la Tierra entera fue aniquilada porque había un rechazo total a la Torá y reinaba el mal. La inundación fue la advertencia final a la humanidad que, a pesar de que nuestro Creador fue paciente y misericordioso, no se condona el pecado intencional.

A medida que viajamos a través del "Antiguo Testamento", veremos que YHWH le ofreció a Su creación varias oportunidades para que ellos mismos se "ajustaran" a Él, pero la humanidad persistió en su desobediencia. Durante el tiempo del diluvio, sólo Noé y su familia se salvaron porque Noé era "justo" (Génesis 7:1). Durante este tiempo YHWH mantiene el nivel de sus enseñanzas como lo demuestra en Génesis 9:1-17 en el que se esboza el nuevo pacto que hizo con Noé y sus hijos, y de esto también se puede ver que el crecimiento constante de la población de la Tierra requería más reglas y regulaciones para mantener a la gente bajo control.

Antes de continuar, ¿alguna vez has notado que en Génesis 7:2-15 Dios le dijo a Noé que llevara animales tanto "puros" e "impuros" en el arca, y que Noé ofreció sólo las aves y los animales "puros" en el altar después que dejó el arca (Génesis 8:20)? La diferencia entre animales "puros e impuros" no aclaró sino hasta que el tiempo del Éxodo, pero al menos podemos ver que la idea de comer kosher y sacrificios "apropiados" ya existía antes de Moisés, como vimos en el caso de los sacrificios presentados por Caín y Abel.

Génesis 9 nos dice que toda la tierra estaba poblada por los tres hijos de Noé: Sem, Cam y Jafet. *¡Es importante señalar aquí, que ni Noé, ni sus hijos fueron Hebreos y/o Judíos! Ni* *lo fueron Caín y Abel, o incluso Adán y Eva, sin embargo, todos eran observantes de la Tora!* (El término "Hebreo" se asoció primero con Abram y sus hijos [a partir de Génesis 12], a quienes YHWH identificó como "Hebreos", elegidos para dar a conocer Su poderoso Nombre y para finalmente llevar la salvación al mundo. Los "Judíos", sin embargo, no existieron sino hasta después de que Jacob y su esposa Lea tuvieron a su hijo Yehudá [Judá - la tribu de la que vino Yeshua, ver Génesis 29:35 y 49:10] donde el término "Judío" se originó y que últimamente se ha convertido en un término para los israelitas en general.)

Hemos visto que desde los tiempos de Adán, el hombre ha sabido acerca de las demandas de obediencia de YHWH, de la necesidad de sacrificios de sangre para expiar el pecado, y sobre los animales "puros" e " impuros", en consecuencia, los líderes de las iglesias cristianas no tienen bases sólidas cuando insisten en afirmar que los creyentes gentiles no tienen que ser observantes de la Torá, porque "las viejas reglas aplican sólo a los Judíos"...

Abraham, Isaac y Jacob (quienes no eran "Judíos") también conocían y obedecían la Torá....

Como muestra la Biblia, continuamente YHWH se reveló al hombre, siempre para esbozar sus divinos deseos. Él nunca forzó nuevas o irracionales ideas al hombre, sino que, Él amplió los **mismos principios** que en última instancia, compuesto por los Diez Mandamientos (Éxodo 34:28) fueron entregados a Moshé (Moisés). Vamos a revisar brevemente lo que sucedió en el Monte Sinaí:

Éxodo 19:3. Y Moshe (Moisés) subió a Elohim y YHWH lo llamó desde la montaña: "Esto es lo que va a decir a la familia de Ya'akov (Jacob), y proclamar a el pueblo de Israel: 4."Os habéis visto lo que han hecho pasar a los Egipcios, y cómo te fue llevado arriba en las alas de águilas y os acerca a Mí. 5. Ahora, si se quiere prestar especial atención y escucha Mi voz y se aferran a Mi pacto, vosotros seréis Mi propiedad personal entre todos los pueblos 6. Y que será un reino de Cohanim [sacerdotes] a Mí, y una nación aparte. "Estas son las palabras que dirás a el pueblo de Israel.

Éxodo continúa (versículos 19:08 y 24:3) revelando que Israel aceptó la oferta de YHWH, los cuales formaron al comienzo el Pacto mosaico. Recuerde que Israel consistía en "una multitud mixta" que acompañó a Moshé desde Egipto (Éxodo 12:38). Hay que reiterar que Israel incluye no sólo a los Hebreos/Judíos, sino que también a **cualquier persona** que acepta al Dios de Abraham, de Isaac, y de Jacob (Éxodo 12:49 y Números 9:14) quien es el mismo "mismo ayer, hoy y siempre" (Hebreos 13:8). ¡Un Dios, un solo conjunto de reglas! Todos somos iguales ante sus ojos....

Teniendo en cuenta lo que ha aprendido hasta ahora, le pregunto de nuevo: ¿Tiene algún sentido todo eso de que Yeshua habría "clavado" la Torá a la cruz?

La Ley Divina y el Sacerdocio

Como hemos visto, la Ley Divina y el Sacerdocio siempre han existido, desde los tiempos de Adán y Eva. Una vez que el hombre había compartido del árbol del conocimiento del bien y del mal, él y su descendencia estaban destinado a cosechar las consecuencias; y estas consecuencias necesitan sacrificios y ofrendas a Dios....

El sacrificio por el pecado siempre fue el derramamiento de sangre inocente. ¿Por qué sangre? Debido a que la sangre es nuestra fuerza de vida; sin ella, morimos. ¿Por qué un animal inocente? Al parecer, ¡para hacer que hombre sienta la angustia por la pérdida de una vida inocente en su nombre! Alguien tenía que morir para que los pecadores pudiéramos seguir viviendo en presencia de Dios!

Mientras que los hijos de Adán estaban ocupados procreando y llenando la tierra un Sumo Sacerdote no era requerido para realizar los sacrificios aún y por lo tanto, en esos días, cada hombre ofreció su propio sacrificio y actuó como su propio sacerdote (como en los casos de Abel, Noé, Melquisedec, Job y Abraham).

La necesidad de un Sumo Sacerdote – un intercesor entre Dios y el hombre – surgió cuando población de Israel comenzó a crecer. El sacerdocio se componía de un Sumo Sacerdote junto con muchos otros sacerdotes "regulares". El Sumo Sacerdote representaba a todo Israel como nación entera ante YHWH, mientras que los sacerdotes "regulares" representaban a los israelitas individuales. (Las obligaciones del Sumo Sacerdote se describen en los libros de Éxodo, Levítico, en pasajes tales como Éxodo 28:6-42; 29:6; 39:27-29; y Levítico 6:19-23 y 21:10.)

Yeshua el Mesías, YHWH-venido en la carne, quien vino a la Tierra en forma de un hombre, en última instancia se convirtió en nuestro Sumo Sacerdote. Yeshua eligió ofrecerse por nosotros y cargó con los pecados de todos nosotros para siempre - y lo único que requiere de nosotros, en cambio, es que creamos en su sangre derramada en el madero como nuestro Sacrificio Final por el pecado, con lo cual nos permitió convertirnos en "nuevas criaturas en Cristo" que desean seguir **TODOS** los Mandamientos de Dios (Hebreos 3:1, Juan 3:15-18, 1 Pedro 1:18-19; Juan 10:8-9, Juan 10:10, 2 Corintios 5:17-18; Mateo 1:21; Isaías 7:14.)

En pocas palabras, ¿qué cambió?

A lo largo de la Biblia podemos ver que los pactos de YHWH, aunque modificados de acuerdo a su voluntad, nunca fueron negados, suprimidos o sustituidos. Por ejemplo, vamos a examinar lo que sucedió cuando recibimos el "Nuevo Pacto":
El *pacto* cambió, pero lo siguiente **NO**:

- La Torá
- Las Disposiciones de YHWH
- El castigo por la desobediencia
- Las promesas de YHWH

¿Qué cambió?

El Mediador: Yeshua, como la Palabra de YHWH en la carne (no "encarnado", ¡ya que eso denota que Dios ha muerto!), es ahora el abanderado. Moisés ya no es el mayordomo, cumpliendo así la profecía de *Deuteronomio 18:18 Me levantaré un profeta como tú entre sus hermanos. Pondré Mis palabras en su boca, y él les dirá todo lo que le ordenan. 19. El que no oyere Mis palabras que él hablare en Mi nombre, tendrá que dar cuenta por sí mismo para Mí.*

La Torá es administrada (no reemplazada) bajo un nuevo pacto - Ahora es escrita en nuestros corazones por medio del Espíritu de YHWH, y no en tablillas de arcilla, cumpliendo así la profecía de **Jeremías 31:31.** *¡Mirad! Se acerca el día, dice YHWH, cuando voy a forjar un nuevo pacto con la casa de Israel y la casa de Yehudah (Judá). 32. No será como el pacto que hice con sus antepasados en el día que los tomé de la mano y los sacó de la tierra de Egipto, ya que se rompió Mi pacto, aunque fui yo un marido para ellos, dice YHWH. 33. Pero este es el pacto que forjará con la casa de Israel después de aquellos días. Proclama YHWH: Pondré Mi Torá de instrucción en lo profundo de ellos y dentro de su ser más íntimo se lo escribo. Y yo seré su Elohim y ello será Mi pueblo. 34. Ya no va a enseñar a todos sus vecinos para saber YHWH porque todos me conocerán, desde el más pequeño de ellos hasta el más grande de ellos. (Y) YHWH ha hablado: porque perdonaré su depravación y no recordar más de su pecado. 35. YHWH y también dice: ¿Quién da el sol para luz del día y las ordenanzas de la luna y las estrellas, como luz para la noche? ¿Quién se divide y se agita el mar en olas estruendosas? ¡YHWH Tsavaot {de los Ejércitos} es Su Nombre!*

Una vez más, por favor observe que YHWH **NO** hizo su "Nuevo Pacto" con los gentiles, o los cristianos o los musulmanes o cualquier persona, sino con las Casas de Israel y de Judá.

Además, tenga en cuenta que muchos de los que creen que "la Torá está escrita en nuestros corazones" están bajo la errónea suposición de que no tiene que hacer nada más que "creer en Jesús". Lo que esto significa en realidad, sin embargo, es que estamos dispuestos seguir las instrucciones de YHWH y aprender y obedecer la Torá, ¡NO que nacemos con un conocimiento innato sobre Sus enseñanzas y los Mandamientos los cuales podemos ignorar a voluntad!

El sacerdocio ha cambiado. En lugar de un sacerdote Aarónico alta, el sumo sacerdote es Yeshua - en cumplimiento de la profecía del Salmo 110, donde el Rey David escribe: *YHWH dijo a mi amo humano: Siéntate a Mi diestra, hasta que me puse a tus enemigos ante ti como un estrado de tus pies. 2. YHWH va a estirar el cetro de Sión decir: tener dominio en el medio de todos tus enemigos. Tu pueblo presentará voluntariamente 3. ¡En ese día de tu poder, separados en esplendor, desde el seno de la aurora! El suyo era el rocío de la juventud. 4. YHWH ha jurado y nunca volverá en Su Palabra: Usted es un Cohen (sacerdote) para siempre de la misma manera como Malki-Tzedek!*

El sistema de sacrificios ha cambiado. Bajo el pacto original, los sacrificios de animales eran ofrecidos. Bajo el Nuevo Pacto, el Mesías mismo es el sacrificio. Esto cumple con los prolegómenos del Salmo 40, relativo a los sacrificios de animales porque Él eligió martirizarse a sí mismo por nosotros: 6. *Usted me ha dado el entendimiento de que los sacrificios y ofrendas de grano no es Su deseo y ofrendas por el pecado no son lo que nos piden. 7. Entonces me dijo: ¡Mirad! Yo vengo y traerá un rollo de libro que se escribe sobre lo que ha sucedido a mí. 8. Es para mí un gran gozo de hacer lo que es agradable a Ti mi Elohim, y Su Torá, la enseñanza en el centro mismo de mi ser más íntimo.*

En conjunto, el Nuevo Pacto aún requiere un sacrificio, un Sumo Sacerdote para mediar en nuestro nombre, un altar, y un santuario. Las funciones, sin embargo, ahora son realizadas por Yeshua, porque Él es todas estas cosas.

En última instancia, como usted sabe, ¡ YHWH **nos** hizo Sacerdotes para exaltar y ministrar en su nombre (1 Pedro 2:5, 2:9, Apocalipsis 1:6, 5:9-10)! Pero sólo podemos hacerlo si estamos dispuestos a seguir a todos sus mandamientos "perpetuos"; ¡no tenemos el derecho a elegir o cambiar cualquiera de sus mandamientos divinos! YHWH **nunca** ha cambiado su opinión acerca de la obediencia a la Torá o el castigo por las consecuencias del pecado.

Lo que has leído hasta ahora ha describe a grandes rasgos la historia del pueblo de Dios antes de la entrega real de la Torá a través de Moisés, que mostró que el hombre siempre ha tenido una relación con Dios. ¡El objetivo de YHWH no era imponernos una miríada de reglas difíciles de seguir! Su deseo para nosotros era que tengamos una guía moral, una vida piadosa que nos permita seguir teniendo una relación con Él.

(Por cierto, ejemplos de los mandamientos de YHWH están esparcidos por la Torá en lugares como Génesis 26:2-5; Éxodo 15:25-27, 16; 20:6; Levítico 22, 26, 27, Números 15, 36; Deuteronomio 4, 5, 6, 7, 8, 10, 11, 13, 26, 27, 28, 30, 31. Hay muchos más, pero es para que tengas una idea: Dios fue muy firme para que las personas siguieran **todas** sus enseñanzas, ya que ellas son para nuestro propio bien.)

También debemos recordar que, sólo porque Moisés fue el primero en presentar las enseñanzas de Dios como "Torá", YHWH – y no Moisés – es el creador de la Torá. YHWH comparte algo de su sabiduría con Moisés, quien tuvo que pasarla a los Hebreos y a aquellos que decidieron seguir al Dios de Abraham, de Isaac, y de Jacob.

¿Está empezando a ver por qué YHWH dijo su Torá permanecería para siempre (2 Crónicas 7:14-22)? ¿Cómo podría algo que es tan bueno para nosotros considerarse una "maldición" (como siguen insistiendo en la iglesia cristiana)?

Como usted sabe, en nuestro estado caído, es imposible complacer a Dios. A menos que hayamos colocado nuestra fe y confianza en el Mesías Yeshua, nuestro sacrificio final por el pecado, no tenemos ninguna otra forma de obtener la Vida Eterna. Sin embargo, eso no hace a la Torá la "maldición de la ley", más bien, "la maldición" es nuestro esfuerzo para adquirir la salvación siguiendo la ley sin fe porque, como meros seres humanos con la mentalidad humana limitada, somos propensos a tropezar en algún momento:

Santiago 2:8. Y si en esto se cumple la Torá de Elohim, como está escrito: Amarás a tu prójimo como a ti mismo, te va a hacer bien: 9. pero si usted tiene parcialidad hacia las personas, cometéis pecado, y quedáis convictos por ti Torá como interruptores de la Torá. 10. Porque el que se mantendrá toda la Torá y sin embargo no en un aspecto de la misma, es un enemigo para toda la Torá. 11. Porque el que dijo: "No cometerás adulterio", también ha dicho: "No matarás." Pues si no cometes adulterio, pero matas, ya te has convertido en un profanador de la Torá. 12. Así hablad, y así actuar como personas que han de ser juzgados por la Torá de la libertad perfecta. 13. Porque juicio sin misericordia será en lo que ha practicado ninguna misericordia: la misericordia, se le eleva por encima de juicio.

¿Qué hará que la gente sea juzgada (versículo 12)? **¡La Torá!** YHWH no estaba "maldiciendo" al hombre cuando Él nos dio sus pautas para vivir. TODOS sus mandamientos fueron dados por una razón. TODOS sus mandamientos enseñaban al hombre el bien del mal, y cómo obedecer a Dios y adorarlo correctamente. Mashiaj

(Mesías) nos redimió de la maldición "de la Torá", al convertirse ÉL en maldición.

La "Maldición de la Torá", por cierto, se encuentra en Deuteronomio 27:15-26. Hay 12 maldiciones específicas que se mencionan, sin embargo, también se puede aplicar esto a toda la Torá. Si alguno peca a sabiendas o no, pero no buscan el perdón y la restitución, están bajo de maldición. Hay una "Y" en el camino de cada elección que hacemos: un camino lleva a la bendición y el otro a la maldición.

Yeshua fue "maldito" por sus acusadores, pero los cristianos que insisten en seguir las opiniones del hombre en lugar de la Palabra de Dios, tristemente enseñan que YHWH y la Torá acusaron a Yeshua. Sin embargo, Yeshua es el Cordero Perfecto que nunca violó la Torá, por lo tanto, nunca podría verse sometido a ninguna maldición de la Torá. ¡Estamos bajo la maldición cuando pecamos y nos negamos a recurrir a YHWH!

Es hora de que el mundo tome conciencia del hecho de que YHWH dictara muchos más requisitos además de los Diez Mandamientos, y que Él nunca, nunca dijo que no tengamos en cuenta su Torá. Yeshua vino a establecer y confirmar la Torá, y también para exponer la opinión artificiales y las tradiciones que se había entrelazado por los hombres con en las enseñanzas de Dios. Pablo confirmó esto cuando dijo: *¿Es, entonces anular la Torá por la fe? ¡De ninguna manera! Por el contrario, establecemos la Torá.* (Romanos 3:31).

¿Deberían los Cristianos Ser Observantes de la Torá?

Capítulo 5

Los malentendidos, y malinterpretados escritos de Pablo

Yeshua intentó hacer que la gente se diera cuenta de que Él no había venido a abolir la Torá sino, por el contrario, a las tradiciones hechas por el hombre y a las enseñanzas de algunos de los rabinos que habían torcido las Palabras de YHWH. Pero, como siempre ha sido el caso, el hombre no escuchaba entonces, y no está escuchando ahora, ¡porque **todavía** estamos malinterpretando la Palabra de YHWH! Ejemplo:

Mateo 26:34. Yshua le dijo: De cierto os digo, que esta noche antes de que cante el gallo me negarás tres veces.

Muchos, si no la mayoría de los pastores, han interpretado que esto significa literalmente un gallo. Una vez escuché un sermón completo donde el pastor habló de cómo "el gallo", fue el único que estaba haciendo la voluntad de Dios por la mañana. Si este pastor hubiera estado familiarizado con el Hebreo o Arameo, se habría sorprendido al descubrir que este pasaje se refiere al

69

"pregonero del Templo" - un *Gaver*, Hebreo para "gallo", una persona responsable de abrir el templo antes del amanecer y llamar en voz alta dos o tres veces para anunciar los servicios temprano en la mañana ....

Este tipo de interpretación errónea es también cierta para las enseñanzas tan mal entendidas de Rav Shaul, cuyas enseñanzas son constantemente utilizadas por los Cristianos para enseñar que "la ley es una maldición y fue clavado en la cruz". A saber:

Colosenses 2:14. ... Y, por sus mandatos, él borró la letra de nuestras deudas (escritura) existían contra nosotros, quitándola de en medio y se fija (es) a su juego. 15. Y, al ceder su cuerpo, mostró desprecio por los principados y autoridades, y los puso en vergüenza, abiertamente, en su propia persona.

Tenga en cuenta Yeshua quitó **la lista de cargos** (pecados) contra nosotros, ¡no la Torá! El versículo 15 explica lo que Yeshua clavó en la cruz **no fue** la Torá, ¡sino las leyes hechas por el hombre! La misma persona que escribió que la Torá es santa, justa y buena no podía referirse a la **Torá** como el "Certificado de Deuda" o "Lista de Cargos por Cobrar". Vamos a estudiar esto un poco más:

Citando una vez más al autor y estudioso del Arameo Andrew Gabriel Roth, ninguna de las palabras que significan "Torá" aparecen ni en la versión Griega o la versión Aramea de Colosenses 2:14. ¡Esto significa que "la Torá" no se infiere, porque "la Torá" no aparece nunca! Roth escribe:

"Entonces, ¿qué es, entonces, "el certificado de deuda"? En el texto original de la palabra aramea *khawbayn* significa tanto "deuda" como "pecado". Además, Yeshua usó la misma palabra en el Sermón de la Montaña, cuando dice: '*Perdónanos nuestras deudas/ofensas, como también nosotros perdonamos a los que están en deuda con nosotros/nos han ofendido.*' Es interesante observar que la mitad de los textos Griegos se lee "deuda" y en la otra mitad "ofensa", ya que cada grupo eligió uno de los dos significados de esta palabra.

"Sin embargo, en la mentalidad Aramea, ¡estar en pecado es, literalmente, estar en deuda! Tenga en cuenta también que *khawbayn* está en el plural, lo que significa "el certificado de nuestras deudas", como en la humanidad en conjunto. Es por eso que Yeshúa dice en otra parte:

"Y'shua les dijo: 'Si fuerais ciegos, no tendríais pecado, pero como usted dice 'vemos', vuestro pecado/deuda permanece.'" Y así, el certificado de nuestras deudas es simplemente un registro de todas las transgresiones que se han generado a lo largo de nuestras vidas. La Torá nos dice cuáles son esos pecados, ¡pero lo que Yeshua hizo fue tomar la transcripción de los pecados y los clavos a la cruz!

"Así que cuando somos culpables de pecado, YHWH es un testigo de aquella culpabilidad, y el registro que se genera por ese pecado es el otro. Sin embargo, con la conciliación de Yeshua en la cruz, muriendo en nuestro lugar, el segundo testigo/el registro contra nosotros, está destruido, y la Torá permanece simplemente para guiarnos por el camino de la justicia por el resto de nuestra vida redimida".

Como puede ver, es muy importante saber que es lo que dicen los textos originales....

En este punto hay que mencionar que hoy en día la gente está viendo los escritos de Pablo a través de una mentalidad "Griega" en contraposición a la mentalidad Hebrea. Si sus enseñanzas hubieran sido vistas como lo él lo había previsto, no hubiera tanta confusión. Después de todo, ¿por qué un temeroso de Dios, obediente creyente desearía perpetuar la idea de que YHWH le permitiría a Yeshua clavar en la cruz el **único** plan divino para el comportamiento moral? Qué nos lleva a pensar que podemos **atrevernos** a ver sus enseñanzas originales como una "maldición"?

Tenemos que dar a Pablo, el emisario a los Gentiles, algo de crédito porque, a menos que uno sea bilingüe, o haya estudiado un idioma extranjero, les resultará difícil imaginar la frustración que debe haber experimentado al tratar de transmitir los complicados mensajes de la lengua Hebrea al Griego (lo que también plantea la pregunta: ¿Por qué los Apóstoles, que hablaban Hebreo y Arameo, escribieron los Evangelios en griego?)....

Sea como fuere, un estudio a fondo de los escritos de Pablo en su contexto revela que él **nunca** fue en contra de las enseñanzas de Yeshua, ni nunca renunció a la Torá -

aunque muchos cristianos les gusta citar el texto de Gálatas 2:3-16 como "prueba" de que él lo hizo. A menos que uno esté viendo los escritos de Pablo a través de una "mentalidad Hebrea," estos versos parecen demostrar que él sugiere que los Gentiles no tienen que ser circuncidados, pero nada podría estar más lejos de la verdad, como se explica en una nota al pie en Gálatas 2, en el Nuevo Testamento Arameo - Inglés:

"A diferencia de las tradiciones contemporáneas del judaísmo en día de Pablo, un hombre que sigue al Mashiaj no era obligado inmediatamente a ser circuncidado una vez que muestran interés, esto es algo que se hace de acuerdo a la intención del corazón de una persona. La circuncisión es una opción voluntaria, así como también sería impensable forzar a alguien a ser inmerso (bautizado). Cada persona voluntariamente debe ofrecerse para cumplir con sus obligaciones conforme su alma iba siendo madurada por el Ruaj HaKodesh. Pablo indica claramente que el requisito de la circuncisión se niega de ninguna manera. La circuncisión es una demostración de fe y obediencia y cuando la persona lo hace guiado por el Ruaj HaKodesh (Espíritu Santo), pero no sobre la base de los pares sociales, o presión de statu quo".

Además, una comparación entre los Gálatas y Romanos 2:13-14 revela que Pablo, de hecho, no habla en contra de la Torá en lo absoluto:

Romanos 2: *13. Porque no los oidores de la Torá son justos delante de Elohim, sino los hacedores de la Torá están constituidos justos.*

Una vez más, aquí hay una nota al pie del Nuevo Testamento Arameo - Inglés:

(Ref. Romanos 2:13) Nótese cómo los "bajo de la Torá" y los "hacedores de la Torá" son puestos en oposición unos a otros, por lo tanto no puede ser simultáneamente un error. Esto se aclara con la frase "sino los hacedores de la Torá serán constituidos justos". ¡Entonces, si la Torá justifica a quienes la hacen, es lógico que la Torá NO haya sido abolida! El hecho de que dichas declaraciones profundas en favor de la Torá se están enviando a los Gentiles en Roma dice mucho de cómo las principales corrientes del Cristianismo han pervertido las enseñanzas de Rav Shaul. "Bajo la Torá" significa ver a sus rituales como una forma de magia, un poder que no necesita la pureza de la intención para lograr la bendición, sino sólo la continua repetición. La Torá en sí mismo no proporciona ninguna autoridad de la magia, más bien, ¡la Torá tiene autoridad porque es la instrucción de YHWH para el hombre! Así que "bajo la Torá" es una falsa enseñanza que nunca ha sido cierta de acuerdo con el Tanak ("Antiguo Testamento"): YHWH bendice al hombre por la observancia de la Torá, que es la obediencia a Sus Mandamientos. Observe en Mateo 15 cómo Yeshua reprende a los Fariseos sobre este tema, por dejar de lado la Torá (instrucciones) de YHWH a favor de sus tradiciones.

(Ref. Romanos 2:14, Rav Shaúl no sugiere que los Gentiles son el conocedor de la Torá espontáneamente. El punto es que deben aprender la Torá escrita, sin la distracción de las tradiciones fariseicas que no tienen sus raíces en el entendimiento claro de la Torá.)

Cambiando de tema, Hechos 21:15-21, que fue escrito después de que Pablo escribió a los Gálatas, muestra claramente que él era observador de la Torá, y que sus enseñanzas (especialmente la idea errónea de que en Romanos 8, "si alguien es guiado por el Espíritu, ya no se encuentran bajo la ley ... "y Gálatas 3 que" la ley es una maldición") se han visto gravemente mal entendidos porque Pablo no se refería a la Torá, sino a la ley **del hombre**/legalismo.

Ya que estamos hablando de... Gálatas

Muchos cristianos intentan utilizar Gálatas 3 para demostrar que "la ley es una maldición", ¡sin detenerse a preguntarse por qué o cómo las instrucciones de Dios podrían considerarse malas! Sin la Torá, no tendríamos ningún plan para la vida moral, santa, siendo así ¿qué haría que sus leyes fueran una "maldición"?

¡Pero eso es exactamente lo que se enseña en las iglesias cristianas!

El problema se deriva de la mala interpretación a Pablo. Es tan simple como eso, ya que Pablo, en su carta a los Gálatas es muy difícil de entender. De hecho, más de un estudioso ha sostenido que una verdadera comprensión de los argumentos de Pablo en Gálatas se asienta únicamente en una disección de la línea por línea de su texto. Y uno no puede comprender a Pablo a menos que, al mismo tiempo, posee un conocimiento detallado del Tanak. Ejemplo:

Gálatas 3:10. Para aquellos que están al servicio de la Torá son todavía bajo maldición, pues escrito está: "Maldito todo aquel que no actúa sobre todo lo que está escrito en este libro de la Torá." 11. Pero que ningún hombre es justificado por la Torá antes de Elohim es evidente, porque está escrito: "El justo vivirá por la fe". 12. Así, la Torá no se hace por la fe, sino que el que quiera hacer las cosas que están escritas en ella, vivirá en ella. 13. **Pero Mashiyach (Mesías) nos ha redimido de la "maldición de la Torá", al convertirse en maldición por nosotros, pues está escrito: «Maldito todo el que es colgado en un árbol".**

Entonces, ¿qué es, exactamente, lo que Pablo está tratando de decir? Hay 12 maldiciones específicas que se mencionan en Deuteronomio 27:15-26, y en Gálatas 3:10, Pablo citó Deuteronomio 27:26. ¿Está Pablo sugiriendo que "la Torá" es una maldición? ¡Él no está sugiriendo eso, y no lo haría, porque Pablo sabe exactamente lo que "la maldición de la Torá" es! Esto se encuentra en Deuteronomio 11:26-28:

Deuteronomio 11:26 Pues yo voy a poner antes de este mismo día una bendición y una maldición. 27. Para la bendición, si escucha y (shema) hacer las Mitzvot (mandamientos) de YHWH tu Elohim, que yo te ordeno hoy. 28. Por la maldición, si no escuchan y hacen las Mitzvot de YHWH tú Elohim y en su lugar se apartan del camino que yo les estoy dirigiendo a día de hoy y luego optar por seguir a otros dioses que no habéis conocido.

NOTA: la palabra Hebrea *"shema"* siempre ha tenido el sentido de no solo escuchar pasivamente, sino que también tomando lo que se escucha y manifestar la instrucción con el cumplimiento adecuado. Por otra parte, el pensamiento hebraico da a las buenas y a las malas acciones no sólo una casa sino también un camino por el cual caminamos. Cuando en el camino de la maldad nos "arrepentimos", la palabra *teshuvá* significa literalmente "dar la vuelta", como volver al camino correcto. De ahí también que Yeshúa habló sobre el camino de la destrucción que es amplio, pero el camino que la vida es estrecho.

¡Pablo es consciente de que la Torá en sí no es la maldición! ¡La maldición es la falta de obediencia a la Torá! En la carta a los Gálatas, Pablo va a recordarles que uno no es *hecho* justo por la Torá, sino que "el justo vivirá por la fe". Es decir, uno "vive" por la obediencia a la Torá (Levítico 18:5), y por la "fe" de que la Torá es del Creador y en la redención del Mashíaj por nuestros pecados (Juan 17:3). Pablo explica esta conclusión, mientras continúa en Gálatas 3:13 citando de nuevo el Tanak:

Deuteronomio 21:22. Si alguien ha cometido un pecado que merece una sentencia de muerte y que lo ejecute y lo cuelga en un árbol, 23. Su cadáver no podrá colgar toda la noche en el árbol y por lo tanto, seguramente debe enterrarlo en el mismo día exacto - porque una persona que ha sido ahorcado es maldito por Elohim— que usted no hará inmundo tu tierra que YHWH tu Elohim te da por heredad.

Sin embargo, uno debe mirar en el versículo anterior en Deuteronomio 21, para entender exactamente qué significa la referencia de Pablo. El versículo 22: *"Si alguien ha cometido un pecado que merece una sentencia de muerte y que lo ejecute y lo cuelga en un árbol..."* Mira, ¡nosotros somos los malditos por nuestros crímenes, no la Torá! El Mashíaj nos redime de nuestro fracaso al obedecer a la Torá, ¡pero esto no quiere decir que ya no tenemos que obedecer a la Torá!

Por otra parte, Yeshua fue "maldito" por sus acusadores, pero los cristianos enseñan que YHWH y la Torá acusaron a Yeshua. Sin embargo, Yeshua era el Cordero Perfecto. Él nunca violó la Torá, y por lo tanto nunca podría caer sobre Él ninguna maldición de la Torá. ¡Pero nosotros estamos bajo maldición cuando pecamos y nos negamos a recurrir a YHWH!

Deuteronomio 21:22-23 nos dice que si alguien cometió un crimen capital y es condenado a muerte y colgado de un árbol, su cuerpo no debe permanecer en esa noche en el árbol, sino que debe ser enterrado ese mismo día - porque una persona que ha sido colgada de un madero ha sido maldecido por Dios. Yeshua no cometió ningún crimen capital. Sin embargo, los Fariseos alertaban a los Judíos sobre Yeshua, argumentando que Él se había convertido en una maldición, porque había sido colgado en el madero de tormento. Trataron todo lo posible para vilipendiar a Yeshua ante el pueblo judío. Según Andrew Gabriel Roth:

Pablo [en su carta a los Gálatas] está repitiendo la acusación de los Fariseos en beneficio de los "Fariseos Mesiánicos" (Gálatas 2:4) quienes estaban cansados de ser rechazados por su pueblo (ver Mateo 10:39) y querían volver a las sinagogas, por lo que ellos mismos tomaron postura como Ebionitas... Los "Fariseos Mesiánico" o Ebionitas, asistían a las sinagogas ortodoxas y estaban enamorados de las tradiciones del Judaísmo Rabínico, creían que Yeshua es el Mashíaj, pero no el Brazo de YHWH o el Tsidkenu (el justo) de YHWH revelado. Pablo está usando las palabras más fuertes posibles para afirmar la Verdad, recordándole a los Gálatas de que están tratando de diluir la fe Netzarim (Nazarena) con Fariseísmo tradicional. En 2.000 años poco ha cambiado, y muchos Rabinos Ortodoxos todavía llaman a Yeshua bastardo y una maldición para el pueblo judío porque Él fue "colgado en el madero". Algunos Rabinos hasta realizan un simulacro de funeral para los Judíos que siguen a Yeshua, y enseñan a los miembros de su familia a hacer como si nunca hubiera existido, así que si uno puede entender bajo la coacción que estaban ciertos "Fariseos Mesiánicos", entonces uno puede entender el por qué Pablo escogió palabras tan severas.

Continuando con Gálatas 3:

Gálatas 3:21. ¿Es la Torá que recibimos en contra de las promesas de Elohim? ¡Elohim no lo permita! En efecto, si la Torá había sido dado, que fue capaz de dar la vida, entonces verdaderamente justicia habría sido el resultado de la Torá.

Pablo, aquí, acababa de describir, en los versículos 14-20, que la Torá *no era* la promesa, y que la Torá *no es el cumplimiento* de la promesa tampoco. Pero la Torá es un negocio muy grande en el mundo Rabínico Judía del que el apóstol Pablo vino. El punto que Pablo remarca una y otra es que mientras que la Torá es un negocio muy grande, ¡el Dador de la Torá es aún más grande! YHWH dio la Torá como un componente de la Fe en el Pacto (términos y condiciones) entre Él y su pueblo, así que no lo desprecies a Él ni lo pongas a Él en un estante, simplemente porque crees que eres un estudioso de la Torá. Peor aún, no levante vallas y tradiciones que se conviertan en más importante que YHWH y su Mashíaj. A la Torá se le ha dado un "mal golpe " durante siglos precisamente por estas vallas y las tradiciones de los llamados "expertos" en la Torá. La mayoría de los Cristianos irán a un Pastor o personas que ellos piensan más inteligentes que ellos para hacer preguntas muy importantes sobre Dios y su Mesías,¡ mucho antes de siquiera considerar ir a YHWH mismo! La fe le exige a la persona entrar en una relación activa con YHWH y su Mesías, independientemente de si una persona es Cristiana o Judía.

*Gálatas 3:22. Pero que la Escritura lo rodearon todas las cosas y las puso bajo pecado, para que la promesa de la fe de Y'shua el Mashiyach podría ser dado a aquellos que creen. 23. **Pero antes que viniese la fe, la Torá nos estaba vigilando**, mientras que se limitaron a partir de la fe a punto de revelarse. 24. La Torá, por lo tanto un tutor para nosotros, yendo hacia la Mashiyach (Mesías) que nosotros, por la fe, pueda ser hechos justos. 25. Pero desde que llegara la fe, ya no estamos bajo tutores. 26. Porque todos vosotros sois los hijos de Elohim por la fe en Y'shua el Mashiyach.*

¿Está Pablo anulando la Torá al decir que "la Torá nos estaba custodiando, antes que viniese la fe"? ¡Por supuesto que no! Recuerde, el aspecto de la fe de esta relación es que usted cree que el Mashíaj vino a morir por sus pecados, y por su muerte, usted tiene la oportunidad de la Vida Eterna. Pero la Torá *define* que su justicia - era (y es) su tutor, como Pablo ilustra.

En este sentido "la Torá" se puede comparar con los valores de justicia que una persona voluntariamente impone a sí misma. Sin embargo, como una relación espiritual es establecida con YHWH y Yeshua, el alma se eleva a niveles mucho más altos de conciencia espiritual y de responsabilidad. Por lo tanto, es una farsa cuando los Cristianos dicen seguir al Mashíaj, pero deliberadamente violan la Torá de acuerdo a sus autoridades de sus denominaciones. (Ver Mateo 7:23).

Muchos Cristianos insisten en que no hay nada en el Nuevo Pacto que nos manda a ser observantes de la Torá, o que sugiera que continuamos adheridos a cualquiera de los mandamientos del "Antiguo Testamento". Pero, si ese fuera el caso, entonces ¿cómo se explican Romanos 3:31?

Romanos 3:31. ¿Es, entonces anulamos la Torá por la fe? ¡De ninguna manera! Por el contrario, establecemos la Torá.

Por favor, pregúntese al leer la siguiente escritura si Pablo estaba negando la Torá, o de cualquier manera lo que sugiere que ser kosher, o de observancia de alguna de los festividades o el guardar el Sábado era ahora un tabú... Usted verá que él **no** lo estaba; él estaba alertando sobre las **opiniones de los hombres** acerca de estas cosas - ¡Él no estaba dando permiso para pasar por alto las reglas!

Colosenses 2:16. Que ningún (pagano) os juzgue por la comida y la bebida, o acerca de las distinciones de las fiestas, lunas nuevas y Shabbats 17. Que eran sombras de las cosas, entonces en el futuro, pero el cuerpo de Mashiyach. (Mesías).

La mayoría de versiones de la Biblia traducen lo anterior como "Que nadie los juzgue", pero el AENT pone de nuevo esto en contexto, indicando que el Cuerpo de Mashíaj no debe preocuparse por los juicios de los que están fuera del Reino de Elohim, es decir, aquellos que no conocen la Torá

81

o al Mashíaj. Es evidente, dada la ubicación de esta audiencia y el hecho de que el apóstol Pablo siempre hace referencia directa a los Judíos, que Pablo se está ocupando de la charla local de los paganos, cuya religión dominaba esta región.

Compare esto con Colosenses 1:24. Pablo está diciendo que el "Cuerpo de Mashíaj" determina la manera de observar la Torá, incluyendo el Kashrut (kosher), Shabbats, los *Moedim* (Citas Establecidas por YHWH o Fiestas) y *Rosh Hodeshim* (Año Nuevo Bíblico), por lo tanto, no deje que los paganos sin Torá los juzguen a ustedes; ¡ellos tienen sus propias costumbres religiosas y la manera de hacer las cosas! Por ejemplo, muchos optan por asistir a las "reuniones religiosas" en Día del Sol (Sun-Day), y tienen servicios a la salida del sol en Ishtar (Easter o Semana Santa), luego el 25 de Diciembre pusieron un Tammuz (Árbol de Navidad) que conmemora el renacimiento del dios babilónico Tammuz. Y las bolas de oro y plata que los Cristianos cuelgan en sus árboles de Navidad representaba en su origen a los "testículos de Tammuz", porque él era conocido por "agradar a las señoras".

La mayoría de los Cristianos saben muy bien que Yeshua **no** nació el 25 de Diciembre, pero las celebraciones paganas se han convertido en rituales tradicionales arraigadas que la verdad se ha convertido en un inconveniente embarazoso. En otras palabras, no dejes que la familia, amigos, pastores, o compañeros de trabajo te juzguen por la observación veraz de las festividades de la Torá, ya que los motiva a ellos es que usted regresar a estos fiestas sustitutas paganas que ellos prefieren.

La Iglesia de hoy sigue los pasos de los idólatras del antiguo y moderno Israel según Ezequiel 8:14 y Jeremías 10 y 17. La gran mayoría de los Cristianos tuercen estos versículos para enseñar que el Shabbat y las Festividades de YHWH "fueron cumplidas por Cristo y ya no son necesarias", lo que contradice completamente lo que Pablo enseñó - que las festividades de YHWH son una sombra de lo que vendrá, ¡sin mencionar que son ensayos para la Novia de Mashíaj! Lo que el Mashíaj y Pablo llaman "bueno", el Cristianismo lo llama malo, incluso sugieren que sus rituales paganos son santificados por una etiqueta "cristiana" (ver Isaías 5:14-23).

Romanos 14:5. Un hombre discrimina entre los días, y otro los jueces iguales todos los días. Pero que cada uno sea seguro en lo que respecta a su conocimiento. 6. Se estima que un día, estima (el) a su Maestro, y que no se estima un día a su Maestro, no se estima (el). Y el que come, come a su Maestro y da gracias a Elohim, y el que no come a su Maestro, no come y da gracias a Elohim.

¿Lo anterior sugiere que Pablo dijo que corresponde a cada uno de nosotros decidir lo que se debe comer y qué día debemos observar?

¡Por supuesto que no! El contexto de este pasaje fue una disputa sobre si se puede comer los alimentos que pueden o no haber sido ofrecida a los ídolos. En esos días los alimentos que pueden o no se habían ofrecido a los ídolos, se pusieron a la venta a las personas en un día determinado de la semana - y algunos creyentes se negaron a comprar o comer alimentos en esos días, sólo para estar en el lado seguro. Por otra parte, algunos lo hicieron porque pensaron, ya que no sabían a ciencia cierta si se habían o no se le habían ofrecido, no estaría mal comerlos.

En la anterior Escritura (Romanos 14:5-6) Pablo no se estaba dirigiendo a los alimentos kosher o la observancia del día Sábado, a lo que se refería era al desacuerdo sobre si los alimentos del mercado local, a causa de la idolatría, se debían comprar y comer en un día determinado de la semana.

Por favor, echa un vistazo a la explicación de David H. Stern en el prefacio de su "Biblia Judía Completa" (Complete Jewish Bible en Inglés), en donde se muestra la diferencia entre "kosher" y "limpios ceremonialmente". Stern ha dicho que YHWH **nunca** dijo que carne de cerdo, los mariscos, etc., fueran alimentos. La gente llama a estos animales "alimentos" en clara rebelión contra Dios...

El pasaje de Romanos trata de animales que YHWH nos dio para comer y que si son ceremonialmente limpios y se pueden comer en ese momento. Incluso en la visión de Pedro (Hechos 11), Pedro nunca se han comido los animales kosher que habían estado en contacto con animales *treif* (no kosher). La visión era para mostrarnos que, como Pedro sabía cuales animales eran limpios y cuáles no, porque Dios se lo había mostrado, Pedro aceptaría a los Gentiles ya que Dios ahora le mostró que eran "limpios". El resto del pasaje en Hechos 11 muestra que ésta es la interpretación correcta y lo de que trata la visión (ver Hechos 11:18).

Ahora, consideremos el siguiente pasaje del libro de Hebreos, que muchos cristianos tratar de usar para mostrar que el Antiguo Testamento de Moisés (¡el cual está basado en la Torá!) fue sustituido por completo:

Hebreos 10:8. El primero dijo: Sacrificios y oblaciones y holocaustos por los pecados que fueron ofrecidos de acuerdo a la Torá, no quisiste; 9. y después dijo: Mirad que vengo para hacer tu voluntad, O Elohim: por este medio, abolió la antigua que pudiera establecer el segundo.

¿Lo anterior recomendar la **abolición** del Pacto Mosaico? ¡No! Como ya sabemos Moisés no fue el autor de la Torá sino YHWH, y que la Torá nos hace retomar al camino de regreso a Adán y Eva, y cuando se lee en su contexto, podemos ver que a través de Yeshua el pacto no fue abolido, ¡sino que simplemente fue transformado/ revisado/clarificado y actualizado para satisfacer las necesidades de Dios para el bien de la próxima generación de la explosión demográfica de la Tierra!

Hebreos 2:17 nos explica lo que Hebreos 10:8-9 quiere decir:

Hebreos 2:17. Y así era justo que él deba estar en todos los aspectos como sus hermanos; para que él sea misericordioso y fiel sumo sacerdote en las cosas de Elohim, y podría hacer expiación por los pecados de la gente. 18. Porque en cuanto él mismo padeció siendo tentado, es poderoso para socorrer a los que son tentados.

YHWH ya no necesita sacrificios por el pecado, gracias al sacrificio de Yeshua por el pecado del Nuevo Pacto. En Hebreos 2:17 el autor intenta explicar que el sacrificio de los animales no puede quitar los pecados, y que el sacrificio de Yeshua hace inútil cualquier otro sacrificio por el pecado. Luego, en Hebreos 5:13-6:01 relata la importancia del Mesías para la maduración del intelecto.

¡En ninguna parte de la Carta a los Hebreos o en cualquiera de las cartas de Pablo, para el caso, jamás se afirmó que la Torá había sido abolida! Por el contrario, se explica que aquellos que desobedecen la Torá son culpables, y que si hacen caso omiso de la sangre derramada de Yeshúa se enfrentarán a un severo juicio. Por otra parte, a través de Hebreos 10, el autor se refiere a ser "santificados" - explicando que la santidad no se obtiene sólo por creer en el Mesías, sino por la observación de la Torá (ver Números 15:40 y Proverbios 4:2).

Ahora, vamos a examinar Efesios 2:15-16 para ver si implica que Yeshua abolió la Torá:

Efesios 2:15. Y en su carne (la) enemistad y el reglamento de comandos (contenida) en sus mandamientos son abolidos (lo) que en sí mismo (una ocurrencia de la naturaleza divina, o qnoma), podría hacer que el dos en uno, el establecimiento de la paz.

Qnoma puede significar "sustancia" o "aparición". Aunque en Griego se lee *"en sí mismo"* en Arameo no; *"en sí mismo"* lleva a la suposición de la "personalidad", lo cual es una forma de idolatría.

La estructura gramatical de Efesios 2: 15 revela que las "costumbres" (las tradiciones de los Fariseos) fueron abolidas; no la Torá. El Mashíaj suprime la "enemistad" (odio o animosidad) que ha sido traída contra YHWH por la tradición religiosa y las falsas interpretaciones de la Torá, que era una pesada carga que las personas no podían soportar. Los teólogos cristianos, sin embargo, tuercen este verso y enseñan que era la Torá de YHWH que trajo el odio y que Mashíaj no alejo de la Torá, que es una teología muy imprudente y malvada. Mashíaj envió al *Ruaj HaKodesh* (Espíritu Santo) para escribir la Torá de YHWH en el corazón de su pueblo, no para suprimirla.

En consecuencia, no hay nada que implica que la Torá fue invalidada. Cuando Yeshua estaba físicamente presente en la tierra, él intentó mostrar cuan insensata fue la animosidad entre los dos grupos causada por las opiniones de los hombres sobre la Torá. A través de él, "un nuevo hombre" se hizo de los dos grupos separados.

Colosenses 2:20. Porque si estás muerto con la Mashiyach (Mesías) a los rudimentos del mundo, ¿por qué se juzga como si estuviera viviendo en el mundo? 21. Sin embargo, no se toca y no gusto y que no se ocupan de: 22. Para estas cosas perecen en el uso, y que son los mandamientos y doctrinas de hombres.

¿En lo anterior, dijo Pablo que debemos de pasar por alto los mandamientos del Antiguo Testamento en la actualidad? ¡No - Por supuesto que no! ¡Está hablando otra vez de las opiniones de los hombres, no de la palabra de YHWH, que siempre ha sido santa y buena!

En Colosenses 2:23, Pablo trató de impedir la creación de más opiniones humanas por escrito:

23. Y parece que tienen un tipo de sabiduría en una muestra de humildad y del temor de Elohim, y de que no perdonarán al cuerpo, no en nada de la excelencia a, pero en las cosas subordinadas al cuerpo.

Muchos Cristianos sostienen que Pablo dijo que podíamos comer lo que queramos, es decir, que no hay más kashrut/kosher (el conjunto de leyes dietéticas que rigen lo que se puede o no se puede comer). Por favor, lea el siguiente pasaje con mucho cuidado:

1 Timoteo 4:1. Pero el Espíritu dice expresamente que, en los últimos tiempos, algunos apostatarán de la fe, e irán después de espíritus engañosos y después de la doctrina de demonios. 2. Estos seducirán por una falsa apariencia, y decir una mentira y será grabada en su conciencia, 3. Y prohibirán casarse, y requerirá de la abstinencia de carnes que Elohim ha creado para su uso y de agradecimiento por los que creen y conocen la verdad. 4. Porque lo que es creado por Elohim es bueno, y no hay nada que debe ser rechazada si se toma con acción de gracias, 5. pues es santificado por la Palabra de Elohim y por la oración.

"Prohíbe casarse" en el contexto de 1 Timoteo 4 se refiere a la Iglesia Católica y otras organizaciones cristianas que prohíben casarse a los sacerdotes, con la implementación de sus auto denominados "papas infalibles" como si fueran deidades que han elegido hacer la guerra contra la Torá y Yeshúa HaMashíaj. Ver también Mateo 23:09.

Los Cristianos han interpretado el versículo 4 como que todos los alimentos han sido declarados "buenos". ¡Esto es un error! En primer lugar, tenemos que recordar que Pablo estaba hablando a los Judíos que comían sólo alimentos kosher. A ellos no se les ocurriría ir en contra de lo que YHWH dice en Levítico sobre lo que Él considera como alimentos. La Ley Kosher sigue siendo la Ley de Dios, y Pablo estaba confirmando este hecho. En 1 Timoteo 4, advirtió en contra de "doctrinas de demonios", la cuales dicen que uno no puede tener ciertos alimentos a los que

Dios ha dicho que son buenos para comer. Pablo está diciendo que todo ser limpio es bueno y no debe ser desechado **si** ha sido santificado por la Palabra de Dios y la oración (acción de gracias). Se entiende cuales alimentos son "limpios" y cuáles no. Levítico nos dice lo que es santo y lo que no es santo. La palabra *kosher* proviene de la misma raíz que *kodesh*, la cual significa santo.

La alimentación incluye la carne que debe ser santificada por la Palabra de Dios (la Torá), y hay carnes limpias y carnes inmundas - algunas son santificadas, otros no, ver Levítico 11. Decir una oración sobre los alimentos impuros no santifica la comida más de lo que rezar para no ser atrapado robando pueda "santificar" o proteger de las consecuencias de esa transgresión. Muchos no recuerdan que, sólo porque el castigo no es inmediato, no quiere decir que ha sido olvidado por el cielo.

Los libros de Levítico y Deuteronomio especifican lo que se puede y lo que no se puede consumir. De acuerdo a la Torá de YHWH, los animales considerados "limpios" tienen pezuñas hendidas y rumian (mastican su bolo alimenticio). Los cerdos son considerados impuros, ya que, mientras que sus pezuñas están hendidas, no rumian. Pablo lo sabía, él ni lo negó ni lo cambió. (Y si él **alguna vez hubiera** intentado demostrar que cualquier parte de la Torá había sido abolida o suprimida, tendríamos que preguntarnos: ¿A quién hemos de creer – al **Divino Yeshúa**, YHWH en la carne, quien era completamente observante de la Torá, o al **humano**, Pablo? ¡Si Pablo realmente hubiera sido anti-Torá como la Iglesia sugiere, entonces seguramente YHWH no habría permitido que los escritos de Pablo fueran incluidos en la Biblia!)

Aunque pueda no tener sentido a nuestra mentalidad humana limitada, YHWH tiene sus razones para las leyes de kashrut, y si usted no tiene acceso a una computadora, le tocara a comprar un buen libro sobre este tema porque es muy importante.

Volviendo a la Torá de YHWH:

No puede dejar de enfatizarse que Yeshua abolió la necesidad de sacrificios por los pecados, y que Él vino a abolir las enseñanzas "Rabínicas" de la época en que había tanta gente atada en "legalismos" que tenían miedo de salir de la cama en Shabbat por miedo de ser declarados culpable de "trabajar." Las enseñanzas de los Rabinos de la antigüedad habían convertido a la Torá en una carga:

Hechos 21:20. Y cuando oyeron (lo) glorificaban Elohim. Y ellos le dijeron: "Nuestro hermano, se ve cómo miríadas hay en Judea que han creído: y todos ellos son celosos de la Torah! 21. Y se les ha dicho, de ti, que enseñas a todos los Judios que están entre los Gentiles a apartarse de Moshé (Moisés), diciéndoles que no circunciden a sus hijos, y no para observar los ritos de la Torá. 22. Ahora, porque han oído que has llegado hasta aquí, 23. Hacer lo que les decimos. Tenemos cuatro hombres, que han prometido para purificarse. 24. Llévelos, y van y purificarse con ellos, y paga los gastos, junto con ellos, ya que se afeitan la cabeza; para que cada uno debe saber, que lo que se dice en su contra es falsa, y que cumplir y observar la Torá. 25. En cuanto a los de los Gentiles que han creído, nosotros hemos escrito, que deben evitar sacrificio (la de un ídolo), y del pecado sexual, y de lo estrangulado y de sangre." 26. Entonces Pablo tomó consigo aquellos hombres, al día siguiente, y se purificó con ellos, y él entró y se dirigió al templo, explicándoles cómo completar los días de la purificación, hasta la presentación de la ofrenda por cada uno de ellos.

Vamos a preguntarnos lo siguiente: si Yeshua había abolido de hecho la "ley", entonces ¿por qué el apóstol Pablo lo observa con cuatro hombres de otra iglesia en Jerusalén 29 años **después** de la crucifixión del Mesías (Hechos 21:23-24)?

Este evento establece claramente al apóstol Pablo como un Judío observante de la Torá. Sin embargo, las principales corrientes en el Cristianismo hacen ver a Pablo como un hombre complaciente - como si su oferta era sólo para complacer a los Judíos, como una especie de postura política. No hay conflicto entre la expiación por la sangre de Yeshua y la entrega de ofrendas en el Templo. Pablo andaba tras los pasos de Yeshua, del Rey David, y de todos los del Israel de Elohim, cuando declara *"Me regocijo en la Torá de Elohim, en el hombre interior."* (Romanos 7:22). Todos los sacrificios de sangre y todas ofrendas realizadas en el Templo apuntaban hacia la sangre perfecta de Mashíaj. El Templo se mantuvo hasta el año 70 DC y los seguidores de Yeshua se reunieron allí para dar ofrendas a YHWH, ¡pero también sabía que la expiación se llevó a cabo a través de la preciosa sangre de Yeshua!

Los ataques en contra de Pablo por las facciones de rabinos fanáticos fueron múltiples. Pablo enseñó que la fe y la intención del corazón determinan si una persona está lista para ser circuncidados y caminar en la Torá. En ningún momento enseñó en contra de la circuncisión o la Torá, sin embargo, se opuso a las "tradiciones de los fariseos" que exigían el respeto ciego a sus tradiciones religiosas. Pablo requería que a los Gentiles conversos se les enseñar sobre el Pacto y tuvieran una clara comprensión de lo que estaban haciendo, en relación con YHWH y su Mashíaj.

Tanto los Fariseos y los Netzarim (Nazarenos) enseñaban que una persona debe estudiar para desarrollar su comprensión y establecer la intención de su corazón antes de la circuncisión, en lugar de seguir ciegamente los deseos de los demás. Sólo un pequeño grupo de fanáticos exigían la circuncisión inmediata, que es algo a lo que Pablo claramente se opone. Es muy evidente que Abraham recibió instrucciones antes de su circuncisión, y él es el padre de la fe tanto para los Judíos y Gentiles por igual.

Pablo escribió:

Romanos 7:7. ¿Qué diremos entonces? ¿Es la Torá pecado? ¡De ninguna manera! **Porque yo no había aprendido el pecado sino por medio de la Torá:** *porque tampoco conociera la codicia, no había Torá dijo: No codiciarás.*

Romanos 7:12. Como resultado, la Torá **Es Aparte**, *y el Mandamiento* **Es Aparte**, *y justo y bueno. 13. ¿Lo que es bueno, por lo tanto, se convierten en muerte para Mí? ¡De ninguna manera! Pero el pecado, que pudiera ser visto como pecado, la muerte perfeccionado en Mí por medio de ese bien (la Torá), que el pecado más condenable por medio del mandamiento. 14. Pues sabemos, que la Torá es espiritual, pero yo soy carnal, y vendido al pecado.*

Pablo dice que "la Torá es espiritual", por lo tanto, mientras que aquellos sin la Torá pueden ser muy religiosos, no son "espirituales", de acuerdo con Pablo y Mashíaj! Mashíaj es el objetivo y vamos a ser como él, lo que significa que cuando nuestros espíritus se despiertan a Mashíaj se procederá a la bienvenida a la Torá para ser escrita en nuestros corazones. Consideremos lo siguiente:

2 Corintios 4:18. Mientras que no miramos estas cosas que se ven, sino en las que no se ven, porque estas cosas que se ven son temporales, pero las que no se ven son eternas.

Entonces, la pregunta una vez más es: ¿Por qué la muerte de Yeshua ha abolido la Torá? Aquellos que enseñan en contra de la Torá, que tanto Yeshua y Pablo confirmaron, son falsos profetas y falsos predicadores, nada más y nada menos. Pablo escribió:

2 Corintios 11:13. Porque son falsos apóstoles, obreros astutos y pretenden apóstoles del Mashiyach (Mesías). 14. Y en esto no hay nada extraño. Pues si Satanás se hace pasar por un mensajero de luz, 15. Que, no es extraño si también sus ministros pretenden ser ministros de justicia, cuyo fin será conforme a sus obras.

Una vez más - ¿Sigue estando vigente la Torá hoy en día? ¡Por supuesto que sí! Es nuestra norma de justicia. Yeshua dijo que no una *yod* (letra más pequeña del alfabeto hebreo) o una tilde (de un signo distintivo pequeños como un acento o el punto sobre una i o j) pasarán (dejarán de ser), y que aquellos que lo aman deben guardan sus mandamientos. **La Torá no es para la salvación**, sino para la santificación (ser Santo).

Independientemente de cuánto el mundo Cristiano se esfuerce por demostrar lo contrario, el hecho es que **Pablo enseñó el Reino de Dios**, dando testimonio del Mesías Yeshua y la Torá. En Hechos 28:23 se muestra claramente que, Pablo enseñó *"fuera de la Torah de Moshé (Moisés), y de los profetas"* desde la mañana hasta la tarde. También se nos dio una advertencia muy severa en la Carta a los Hebreos:

Hebreos 10:28. *Porque si el que transgredió la Torá de Moshé (Moisés), murió sin misericordia en la boca de dos o tres testigos; 29. ¿Cuánto más crees, recibirla pena de muerte que ha pisoteado al Hijo de Elohim, y ha representado la sangre de su pacto en la cual se santifica, como la sangre de todos los hombres y ha tratado el Espíritu de la gracia en un manera insultante?*

¡Al comparar el castigo capital de YHWH por desobedecer la Torá dada a Moshé con las violaciones en contra de la "*sangre de su pacto*" o contra el "*Espíritu de la Gracia*" el autor nos enseña claramente que la Torá es un pacto de vida que **nunca** fue abolida!

Nadie puede guardar la Torá perfectamente (¡pero gracias a Yeshua somos perdonados!) Sin embargo, tratando de vivir como manda ELOHIM nos acerca a su deseo para nuestras vidas.

Capítulo 6

¿Qué partes de la Torá todavía podemos observar en la actualidad?

Si estamos hablando de todos los diversos mandamientos de YHWH "hacer" y "no hacer" en general, la respuesta lógica es: Tenemos que observar los que nos sea posible, con lo mejor de nuestras habilidades.

Muchas personas creen que la Torá consiste sólo en "los viejos 613 Mandamientos." La verdad es que, mientras que YHWH dictaba los mandamientos, Él nunca los contó. La idea se originó en el Talmud (la llamada "Torá Oral", que consiste en las ideas de los antiguos rabinos que estaban tratando desesperadamente de comprender la palabra de YHWH), los cuales dicen que hay de ambos, los mandamientos que son "positivos" (qué hacer) y los que son "negativos" (qué no hacer), que se pueden dividir en 365 mandamientos negativos (se dice que nos recuerdan todos los días del año y que debemos guardarnos de hacer cosas malas), además de 248 mandamientos positivos (casualmente el número de huesos en el cuerpo humano) para un total de 613.

En consecuencia, los *Tzitziyot* (flecos anudados) del *Talit* (manto de oración) que "el pueblo de Israel" debe usar, (ver Números 15:38 y Deuteronomio 22:12) también están conectados con los 613 mandamientos. Rashí, un comentarista de la Torá, sugirió que el número de nudos en un *Tzitzit* (en su deletreo de la Mishná) tiene el valor numérico de 600. Cuando son trenzados, cada borla tiene ocho hilos y cinco juegos de nudos, cuyo total es 13 - para un gran total de 613 - por lo tanto, al usar el *Talit* estamos recordando todos los Mandamientos de la Torá.

Por otra parte, ya que cada letra del alfabeto Hebreo tiene un valor numérico, también se puede atar los nudos de los *Tzitzit* de una manera que hagan deletrear el nombre de YHWH. Cuando regrese Yeshúa cabalgando sobre un caballo blanco como "Rey de Reyes, y Señor de Señores en escrito en su muslo," (Apocalipsis 19:11-13,16) los *Tzitziyot* de su *Talit* caerán - dónde más, sino en sus muslos.

Cambiando de tema, de los "613 Mandamientos" la mayoría no se pueden observar en la actualidad, ya que fueron prescritos para los Sacerdotes y los Reyes del día, mientras que algunos eran sólo para hombres y otros para mujeres. Sin embargo, hay algunos mandamientos que están destinados a **durar para siempre**. Estos incluyen:

- **Los Diez Mandamientos:** (Por favor, ver Éxodo 20; 31:18; 34:29, Deuteronomio 5:5, los cuales incluyen a varios mandamientos "para siempre").

- **El Día de Reposo en Sábado:** (Génesis 2:3; Éxodo 20:8; 31:13; 31:16-17; Levítico 23:3; Deuteronomio 5:12; Isaías 58:13 e Isaías 66:23).

- **Las Festividades Bíblicas:** Mencionado en Levítico 23 que dice después de cada fiesta: *"será un estatuto perpetuo en todas vuestras habitaciones por vuestras generaciones."*

- **Comida Kosher.** Sí, el comer los alimentos "limpios" es un mandamiento "para siempre". Para una descripción completa, véase Deuteronomio 14:1-21 y Levítico 11.

La anterior no es una lista exhaustiva, pero se puede contar entre algunos de los más visibles de los mandamientos.

El hombre siempre ha querido "escoger" cuando se trata de la Biblia, pero es tiempo de aprender algunos de esos mandamientos "para siempre" - incluyendo el concepto del descanso del Sábado y las Festividades Bíblicas que están en los tiempos señalados (citas, convocaciones) de YHWH. Cada uno es importante ya que Yeshua fue prefigurado en ellos. De hecho, Yeshua hasta ahora sólo ha "cumplido" las primeras cuatro de las siete festividades -y el siguiente debe ser lo que los Cristianos llaman el "Rapto". Vamos a discutir estas un poco más...

¿Por qué debemos guardar las Festividades Bíblicas?

Las originales y eternas Festividades de YHWH son citas perpetuas entre YHWH y su pueblo, y está claramente profetizado que serán llevadas a cabo durante el séptimo milenio y más allá en el mundo por venir.

Isaías 66:23. De Luna nueva (mes) de Luna Nueva y de Shabbat (Sábado) a Shabbat (Sábado), toda la humanidad vendrá a postrarse delante de Mí, dice YHWH.

YHWH diseñado Sus tiempos señalados, las *mo'edim* (citas), para que su pueblo se reuniera para adorarlo. El hecho de que toda la humanidad un día adorará a YHWH de acuerdo a **SU** calendario nos dice que las *mo'edim* no son sólo para los Judíos, sino para todos los hogares de la fe como un solo cuerpo. ("Su pueblo" incluye a cualquier persona que ha sido "injertados" en el Árbol de Olivo [Isra'el] para adorar al Mesías resucitado.)

El Creador designó siete festividades que se celebran cada año:

- Pésaj (Pascua)

- Hag HaMatzot (Panes sin Levadura)

- Yom HaBikkurim (Primeros Frutos o Primicias)

- Shavuot (Fiesta de las Semanas, cincuenta días después de Primeros Frutos, también conocida como Pentecostés)

- Yom Terua (Fiesta de las Trompetas)

- Yom Kippur (Día de la Expiación)

- Sucot (Fiesta de los Tabernáculos o de las Enramadas)

¡YHWH, que está continuamente revelándose a nosotros, nos da algunas pistas interesantes para mostrarnos la importancia de **sus** tiempos señalados! Los primeros tres eventos importantes para los creyentes en Yeshua (su muerte, sepultura y resurrección) ocurrió en las primeras tres festividades, y la venida del Espíritu Santo (lo que los Cristianos llaman Pentecostés) ocurrió 50 días después:

- Mientras se celebraba la Pascua (que incluía el sacrificio de un cordero sin mancha), nuestro Salvador, estaba muriendo en el madero (1 Corintios 5:7).

- La Fiesta de los Panes sin Levadura es un presagio de la santificación cuando Yeshua fue enterrado. La levadura representa el pecado y, como usted sabe, Yeshua fue sin pecado.

- Primeros Frutos, que se celebra en la mañana después del sábado siguiente a la fiesta de los Panes sin Levadura (Levítico 23:10-11), es un símbolo de que Yeshua es la primicia (1 Corintios 15:23).

- Shavuot (la Fiesta de las Semanas o Pentecostés) celebra los primeros frutos de la cosecha de trigo y la entrega de la Torá. También se conmemora el don del Espíritu Santo en la reunión de los creyentes en Jerusalén (Hechos 2), ¡y cayó en la siguiente festividad 50 días más tarde (a lo que los cristianos llaman Pentecostés)!

Dado que en Yeshua se han cumplido con las primeras cuatro fiestas, podemos suponer que el próximo gran evento - el llamado "Rapto" - podría caer en el día de la siguiente fiesta programada, la Fiesta de las Trompetas o también conocida como Rosh Hashaná (Año Nuevo Civil judío"), cuando YHWH llame a su pueblo (Levítico 23:23-

25). Es el comienzo del año civil en el calendario hebreo, que fue instituido por el mismo YHWH en Éxodo 12:2. Rosh Hashaná se observa como un día de descanso y se caracteriza por el sonido del Shofar (trompeta hecha de cuerno de carnero), destinada a despertar la escucha de su "sueño" y alerta del juicio venidero.

Hay, por supuesto, mucho más a las fiestas de YHWH, pero el fondo es: A juzgar por la importancia que ÉL puso en ellas, ¿por qué iba alguien a pensar "Jesús las abolió"?

Algunos han cuestionado la manera en que Yeshua pueda cumplir fiestas después de su muerte. La respuesta es simple: Porque Dios es eterno, Él no tiene principio ni fin. El cuerpo carnal ÉL lo envió temporalmente para enseñarnos acerca de sí propia muerte, pero su espíritu no lo hizo. ¡Sabemos que Él está vivo porque resucitó y porque ningún cuerpo nunca se encontró en la tumba sellada en la que fue sepultado! La Biblia nos dice que Yeshúa estaba con su Padre YHWH al principio (Juan 1:1-2) y que Él sigue siendo un sacerdote para siempre (Hebreos 7:3).

La Línea del Tiempo de YHWH

El hombre tiende a ver las cosas desde una perspectiva lineal y de la línea de tiempo, mientras que YHWH no lo hace así. Él es Dios, entonces ¿por qué habría de tener que cumplir con todo dentro de nuestro concepto del tiempo? Sus fiestas se dieron por una razón - en parte, por lo que el hombre podía saber todo lo que tenía que suceder y lo que estaba por venir, ¡que es también la razón por Yeshua es prefigurado en cada uno de ellos!

Puesto que Dios es el mismo ayer, hoy y para siempre (Hebreos 13:8), ¿por qué de repente ÉL habría de querer que hagamos caso omiso de sus fiestas y tiempos designados? ¿Tiene sentido que, sólo porque Yeshua murió, automáticamente se anularían las otras tres fiestas que Él todavía tiene que cumplir?

Proverbios 3:1. "Hijo Mío, no te olvides de Mi enseñanza [la Torá], pero mantenga Mis mandamientos en tu corazón."

Proverbios 6:23. Para la Mitzvá (Mandamiento) es una lámpara y la Torá-la enseñanza es la luz y el camino a la Vida es la fuerte reprimenda que las disciplinas.

Salmo1:1. Felices los que se han apartado del consejo de los malvados y no te quedes con la misma trayectoria que los pecadores ni sientan donde se congregan los escarnecedores. 2. Pero su delicia está en la Torá-instrucción de YHWH y en Su [toda] la Torá medita de día y de noche. 3. Será como el árbol plantado junto a corrientes de agua que dan su fruto en su tiempo propio y cuyas hojas no se marchitan. Y ellos tienen éxito en todo lo que hacen.

Deuteronomio 6:4. ¡Shema Yisrael! YHWH Elohaynu, ¡YHWH Echad (Ejad)! ¡Escucha O'Israel! YHWH es el Elohim, YHWH es Uno. 5. Y amarás a YHWH tu Elohim con todo tu ser más profundo y con toda tu vida-pasión y con toda la fuerza que pueda reunir. 6. Y estas Palabras que Yo te mando hoy mismo, han de residir dentro de su ser más íntimo, 7. Y usted es enseñarles con gran cuidado para sus hijos. Usted debe discutirlas a fondo cuando estés en tu casa, cuando usted está viajando en el camino, cuando te acuestes y cuando te levantes. 8. Se le atarás a tu mano como señal, y los pusieron en la parte delantera de tu frente unido a una cinta envuelta alrededor de ella. 9. Entonces usted está a las escribirás en los marcos de las puertas de tu casa y en tus puertas.

Antes de continuar, ¿te fijaste que en el versículo 4 dijo: "... Escucha, Isra'el ..."? ¿Quién es Isra'el otra vez?

Vamos a discutir el día de reposo del séptimo día ....

Guardar el Sábado, uno de los Diez Mandamientos, ¡no fue una sugerencia! La Biblia promete bendiciones espirituales para los que guardan el Sábado, el día santificado por YHWH.

Isaías 56:1. Así ha dicho YHWH: Preserve la justicia, y hacer justicia, porque Mi salvación está cerca y se acerca, y Mi justicia está a punto de ser revelado. 2. Feliz es el hombre que hace esto, y cuyo hijo se aferra rápidamente a ella, que se aleja de la contaminación del Shabbat (Sábado) y evitar la mano de cualquier acto de maldad.

Isaías 56:4. Para YHWH ha dicho: En cuanto a los eunucos que preservar Mi Shabbats (Sábados) y optar por hacer lo que Me encanta y se aferra tenazmente a Mi pacto, que Yo les daré, 5. En Mi casa y dentro de Mis muros, un monumento y un nombre superior a la de los hijos e hijas. Y les daré un nombre eterno que jamás será cortada. 6. Y a los extranjeros que se alleguen al YHWH, para servirle, y para amar el nombre de YHWH, y para ser sus siervos, a todos los que guardan el Shabbat (Sábado) y no lo contaminan, y se aferran tenazmente a Mi pacto, 7. Yo los llevaré a Mi montaña Puesto-Aparte y los alegraré en Mi casa de oración.

YHWH bendijo el séptimo día e incluso Él mismo lo observó, (Génesis 2:2-3). La Palabra nos dice que el séptimo día de la semana es el día de reposo de Dios por el tiempo que existan el cielo y la tierra (Éxodo 20:8-11, Mateo 5:17-19, 1 Juan 3:4).

Isaías 58:13. Si enciende el pie atrás de perseguir sus propios placeres por el Shabbat (Sábado) y llame al Shabbat (Sábado) una delicia y el día Puesto-Aparte de YHWH honorable y luego mostrar honor por no ir a tus propios caminos ni las gangas en huelgas, 14. ¡Entonces usted puede mirar para el deleite de YHWH, y te pondré a cabalgar sobre las alturas de la tierra, y Yo te sostendré con la herencia de su antecesor Ya'akov (Jacob), porque la boca de YHWH ha hablado!

Tenga en cuenta que los profetas condenaron enérgicamente la profanación del Sábado (Ezequiel 20:19-24; Ezequiel 22:8, 26, 31, y Jeremías 17:27). Yeshua, Pablo y los otros discípulos también guardaron el Sábado santo (Lucas 4:16). De hecho, en Mateo 24:20 Yeshua, que le estaba diciendo a sus discípulos acerca de eventos futuros, dijo: *"Orad, pues, que vuestra huida no sea en invierno ni en el Shabbat (Sábado)."* Puesto que YHWH ordenó el séptimo día el Shabbat y Yeshua guardó el séptimo día el Shabbat, ¡Él ciertamente no se refería a un Shabbat en Domingo en el futuro!

¡La mayoría no están manteniendo el verdadero día de reposo!

Como se mencionó anteriormente, ambos creyentes Judíos y Gentiles asistían regularmente a la sinagoga para el culto en el séptimo día Shabbat (Hechos 13:42-44).

El Shabbat del séptimo, día que la Biblia nos dice que continuará en los cielos nuevos y la nueva tierra (Éxodo 20:12 y 20, Isaías 66:22-23), **es un pacto eterno y señal divina que viene de YHWH**. Nos sirve como un recordatorio para recordar y celebrar su creación, la santificación y la salvación por medio de su Mesías. Incluso el "Nuevo Testamento" nos da los siguientes consejos sobre cómo observar el Sábado:

Hebreos 4:9. Porque sigue siendo un Shabbat (Sábado) para el pueblo de Elohim. 10. Porque el que había entrado en su reposo, también ha reposado de sus obras, como Elohim de las suyas. 11. Hagamos, por lo tanto, se esfuerzan por entrar en ese reposo, o bien nos quedamos cortos, después de que el camino de los que no creyeron. 12. Porque la Palabra de Elohim es toda viva y eficaz, y más cortante que toda espada de dos filos, y penetra hasta la profunda penetración del alma y el espíritu, las coyunturas y los tuétanos y los huesos, y juzga los pensamientos y razonamientos del corazón: 13. Ni hay cosa creada que está oculto de delante de él, sino que todo está desnudo y al descubierto ante sus ojos, a quien tenemos que dar cuenta.

A pesar de la evidencia bíblica sobre el Sábado y su importancia, muchos, si no la mayoría de los cristianos sostienen que con la muerte de Cristo el Sábado fue abolido en la cruz y cambiado al Domingo porque "Jesús resucitó en un Domingo." Las preguntas se mantienen, sin embargo:

- ¿Yeshua realmente resucitó en Domingo?

- E incluso si así hubiera sido, ¿dónde está la escritura para apoyar que YHWH ha dicho que Su Sábado se supone que ahora es el primer día (Domingo)?

Vamos a revisar y ver lo que la Biblia nos enseña acerca de la resurrección de Yeshua desde una "Perspectiva Hebrea", que se hace evidente cuando permitimos que las Escrituras interpreten a la Escritura - y revela que Yeshua fue resucitado al final del Sábado, no muy temprano en una mañana de Domingo (el primer día):

Mateo 12:39. *Y él respondió, y les dijo: La generación mala y adúltera busca un signo, y un signo no le será dada, sino lo signo del profeta Yonan (Jonás). 40. Porque como Yonan (Jonás) estuvo en el vientre del pez tres días y tres noches, así mismo será el Hijo del hombre estará en el corazón de la tierra tres días y tres noches.*

Mateo 16:4. *La generación mala y adúltera pide un signo. Y un signo no le será dado, sino lo signo de Yonan (Jonás) el profeta.*

¿Cuál es la "señal de Yonah/Jonás"?

Mateo 12:40. *Porque como Yonan (Jonás) estuvo en el vientre del pez tres días y tres noches, así mismo será el Hijo del hombre estará en el corazón de la tierra tres días y tres noches. 41. Los hombres Ninivitas se levantarán en el juicio con esta generación y la condenarán, porque ellos se arrepintieron a la predicación de Yonan, y he aquí que uno mayor que Yonan (Jonás) está presente.*

La **señal** que estamos buscando es "Tres noches y tres días" (Lucas 24:21) desde la muerte/sepultura a la resurrección de nuestro Salvador.

Mateo 16:21. *Y a partir de ese momento en adelante, Yshua comenzó a dar a conocer a sus discípulos que él debía ir a Urislim y padecer mucho de los ancianos, de los principales sacerdotes y los escribas. Y lo iban a matar, y al tercer día se levantaría.*

Mateo 17:23. *Y le matarán, y al tercer día resucitará....*

Mateo 20:19. Y ellos le entregarán a los Gentiles, y se burlarán, y ellos lo golpearon y lo van a ejecutar en una estaca. Y se levantará en el tercer día.

NOTA: (Ver también Mateo 27:64, Marcos 09:31, Marcos 10:34; Lucas 9:22, Lucas 13:32 y Lucas 18:33, Lucas 24:7 y Lucas 24:46, Hechos 10:40; y 1 Corintios 15:4.) El madero vertical fue prefigurado por la "vara", que Moisés levantó en Números 21:8, 9. La serpiente de bronce fue puesta sobre la vara y cuando la gente la veía se salvaban del veneno mortal de la serpiente. Así es, que cuando las personas son picadas por la "serpiente espiritual" de Génesis 3:15, se debe mirar a Mashiaj de sanidad y liberación. La vara fue reemplazada por la cruz que antes era el símbolo del dios sol babilónico. Julio César y su heredero acuñaron monedas con símbolos de la cruz (la rueda solar) para conmemorar al dios del sol. El Emperador Romano Constantino era un adorador del sol que se convirtió en un famoso "cristiano", introduciendo el paganismo dentro del Cristianismo en todo el Imperio Romano. Su versión de "cristianismo" incluye muchos rituales paganos, como el culto Día del Sol, la adoración a Tammuz (Navidad) e Ishtar (Semana Santa). La palabra Griega *"stauros"* también denota un madero vertical, el verbo *"stauroo"* significa clavar estacas. El Griego *"xulon"* denota una madera o un tronco o cualquier pedazo de madera. La Biblia Bullinger's Companion señala: "Nuestra palabra en Inglés "cruz" es la traducción del Latín *"crux"*, pero el Griego *"stauros"* no significa cruz, sino un punto de apoyo de un 'palo'. (AENT)

Un estudio completo de la Biblia revela que Yeshua estuvo en la tumba tres noches y tres días, y nos dice que Él murió en la Pascua, 14 de Nisán, que fue durante la Festividad (Levítico 23:5).

Él estaba en la tumba justo antes del atardecer, la noche del Miércoles, según las Escrituras (Juan 19:31); todo el día Jueves y Jueves por la noche, durante todo el día Viernes y la noche del Viernes, y todo el Sábado (como estuvo Jonás en la ballena tres noches y tres días) hasta justo antes del atardecer del Sábado cuando Él resucitó.

Para discernir exactamente cuándo resucitó nuestro Salvador, es importante reconocer algunas cosas - empezando por el hecho de que el amanecer de un nuevo día de acuerdo a YHWH y al Calendario Hebreo es al atardecer, cuando oscurece, no con la primera luz en el por la mañana:

Génesis 1:5. Y Elohim llamó a la luz Día, ya las tinieblas llamó Noche. Y fue la tarde y fue la mañana del primer día.

También debemos tener en cuenta el momento en que Yeshúa fue colocado en la tumba, ya que fue justo antes del atardecer - eran aproximadamente las 5:00 p.m. (Marzo-Abril de calendario).

Tres días y tres noches....

No importa como son llamados los días en nuestros calendarios actuales, no hay manera de que tres días y tres noches partiendo en algún momento de la tarde puede terminar en la madrugada del Domingo - que es lo que la

107

mayoría de los eruditos cristianos están tratando de insistir.

La Biblia nos dice que Yeshua murió a las 3 de la tarde (la hora novena - Juan 19:14 – durante el día sólo había 12 "horas" en esta era), y fue sepultado ese mismo día (Juan 19:31), y que Él estuvo en la tumba "tres días y tres noches."

Mateo 27:46. Cerca de la hora novena, Y'shua clamó a gran voz, y dijo: ¡Mi El! ¡Mi El! ¿Por qué me has escatimado? (Véase también Marcos 15:33-34 y Lucas 23:44)

NOTA: Una nota al pie de la AENT sobre las palabras "¿Por qué me has escatimado?" en lugar del más común "¿Por qué me has abandonado?", dice:

"Yeshua no estaba necesariamente citando el Salmo 22, aunque la metáfora del Salmo es, sin duda, la intención de Mateo. El Griego es transcrito *Eli, Eli lama sabactami*, pero en la Peshitta y en el Salmo 22 dice: *Eli, Eli lama azbatani*. En muchas Biblias se lee "abandonado", a partir de que entró una falsa enseñanza de que el Padre dejó desamparado a Yeshua (pensamiento Marcionita). Isaías 53:4 indica que "nosotros" lo contamos por herido de Dios, pero no es YHWH quien torturó a su propio hijo, sino que fueron los hombres motivados por la tradición religiosa. El Salmo 22 refiere a los que despreciaron a Yeshua por su fe en YHWH, y lo llamó un gusano (detestado), pero el padre YHWH no abandona al justo, ni Él en ningún momento "abandonaría" a su propio Hijo, ver Salmo 9: 9, 10, 37:25, 71:11, Isaías 49:14-16.

Yeshua dice "*Eli*" (mi El, mi Dios). Él está en un gran dolor físico después de haber sido brutalmente torturado, los que le rodeaban estaban confundidos sobre lo que estaba diciendo, "*Eli-Yah*" o "*Eliyahu*". Si los testigos hebreo no estaban seguros de lo que estaba diciendo, no debería ser una sorpresa que la transliteración griega también se haya equivocado, poniendo "*lama sabactami*" en lugar de *Lemana shabakthani*". Tal vez la razón por la que Yeshua dice "¿por qué me has escatimado?" es porque él ha demostrado su compromiso ofreciendo su vida, ¡y ya ha sufrido unas 6 horas desde la ejecución! Por lo tanto, no es una cuestión de ser "abandonado", sino que literalmente significa: "Padre, estoy listo, ¿por qué no podemos terminar con esto?" En cuestión de segundos después de decir esto, él muere, lo cual es totalmente compatible con este interpretación." (AENT)

Esto acaba de suceder antes del día más solemne (un "Gran Shabbat", Nisán 15, no es un Shabbat ordinario en Sábado), los Judíos lo querían fuera de la cruz y en la tumba antes de la puesta del sol para no profanar el día de fiesta, lo que significaba que estaba en la tumba aproximadamente a las 5 pm por los tiempos modernos manteniendo poco después de su crucifixión - lo que significa que tres días y tres noches más tarde también caería aproximadamente a las 17:00 horas. Aquí están las Escrituras para verificar estos hechos:

Juan 19:14. Y era la víspera de la Paskha (Pascua) y que era como la hora sexta, y dijo a los Yehudeans, ¡"He aquí vuestro Rey!"

Juan 19:31. Y los Yehudeans (Judíos), porque era la víspera, dijo: "Estos cuerpos no quedasen en sus estacas porque el Shabbat (Sábado) está amaneciendo." Porque un día de alta, el día del Shabbat (Sábado), que rogó a partir de Peelatos (Pilato) que puedan romperse las piernas de los que fueron clavados en la hoguera y llevarlos hacia abajo.

NOTA: "*Shabbat (Sábado) está amaneciendo*" se refiere literalmente a la noche antes de Shabbat, es decir, por la tarde. "Amanecer" es una metáfora de "el comienzo de Shabbat/se acerca", confirmado en Juan 19:42

Ahora, muchas personas piensan que este Shabbat cayó en un Viernes (desde el ciclo de siete días de Dios, el Shabbat comienza al anochecer del Viernes). Sin embargo, como mencionamos anteriormente, Juan 19:14 nos dice que este "día de preparación" no era para un Shabbat regular, sino para un Shabbat muy solemne. Por lo tanto, los Judíos querían los cuerpos de Yeshua y de los ladrones fuera de las cruces antes de la puesta del sol en el día de preparación de la Pascua, ya que al día siguiente, Jueves, era un Shabbat (día de descanso).

Esto significa que Yeshua fue colocado en su tumba antes del ocaso de la noche, el Miércoles.

Juan 19:41. Había un jardín en ese lugar que Y'shua fue ejecutado en, y en ese huerto un sepulcro nuevo que el hombre aún no había sido puesto en él. 42. Y pusieron Y'shua allí porque el Shabbat (Sábado) estaba empezando y porque aquel sepulcro estaba cerca.

La Escritura anterior muestra que Yeshua fue colocado en el corazón de la tierra aproximadamente a las 5:00 pm, o antes del atardecer en el día de su muerte. Tres días y tres noches, debe terminar en el momento de comenzar el recuento - alrededor de las 5:00 pm, o antes del atardecer, esa noche.

Incluso en la víspera de su muerte, Yeshua guardó y cumplió la Pascua: murió el Miércoles 14 de Nisán, y se levantó poco después de las 3:00 pm del Sábado exactamente tres días después, dependiendo de cuando se colocó en el sepulcro.

El Sábado es en conmemoración del descanso de YHWH en la creación (Génesis 2:2), y el descanso de Yeshua después de su redención de la humanidad. El Sábado es un recordatorio de la **señal** (tres días y tres noches) de que Yeshua HaMashiaj (el Mesías) es: Él, el Señor del Sábado.

Ahora, exactamente, ¿cómo sabemos que Él murió el 14 de Nisán y que en particular el 14 de Nisán cayó en un miércoles? Debido a que el 14 de Nisán es el día en que el YHWH declaró que la fiesta de la Pascua debe celebrarse **siempre** (Levítico 23; Éxodo 12:14). Y a causa de una serie de acontecimientos que tuvieron lugar justo antes de la crucifixión:

- Yeshua, el Cordero de la Pascua, cumplió Zacarías 9:9, cuando el 10 de Nisán (un Shabbat - Sábado), Él entró a Jerusalén montado en un burro, cuando la gente agitaba las ramas de palma: *¡Alégrate mucho hija de Sión! ¡Elevar un grito triunfal hija de Jerusalén! Mirad tu Rey viene a ti. Él es justo, entregando liberación (salvación), humilde y cabalgando sobre un asno, sobre un pollino, cría de asna.* La Biblia nos dice que fue el viaje de un día de reposo desde Betania. Después enseñó en el Templo durante tres días: Domingo, Lunes y Martes. Andrew Roth afirma que la palabra "liberación" aquí hay una doble explotación de la raíz *yasha* que como verbo significa "entregar" y como sustantivo "salvación". También es la raíz del nombre de Yeshúa (Mateo 1:21).

• Como se prometió en Éxodo 12:25-28 iba a haber una explicación del servicio de la Pascua. Este cumplimiento Mesiánico tuvo lugar cuando Yeshúa enseñó a sus discípulos la manera de celebrar el Seder de la Pascua la noche antes de su muerte. Durante este tiempo explicó cómo **Él es** el cumplimiento del Seder de la Pascua (Corintios 22:14-20 Lucas 11:23-26 y 1). ¡Así como Él liberó a los israelitas con mano poderosa de la esclavitud de Egipto, así Él nos ha librado de la esclavitud del pecado! Fue allí donde explicó el significado de su persona en los elementos de la Pascua. Después, Él y sus discípulos fueron a Getsemaní, donde pasó parte de la noche.

• Durante la noche Yeshua fue detenido y se nos dice que su juicio se prolongó hasta aproximadamente las 9 am, cuando fue crucificado. A las 3:00 pm (la hora novena) del Miércoles murió.

Pero, ¿cómo sabemos que Él fue resucitado antes de que el Shabbat semanal (lo que llamamos "Sábado") terminara?

Debido a que Yeshua fue enterrado justo antes del atardecer del Miércoles, 14 de Nisán. La Escritura lo comprueba. Esto hizo que por la noche, después del atardecer, "la primera noche", entonces al amanecer Jueves

112

tenemos "el primer día". La "segunda noche" fue la noche del Jueves, seguido por el "segundo día", Viernes por la mañana. La "tercera noche" fue el Viernes por la noche, y el "tercer día" el Sábado después del amanecer. Por lo tanto, Yeshua se levantó durante las horas del día en el Shabbat, al término de "3 días y 3 noches." Si Él no se hubiera levantado antes de que el Shabbat terminara, después de la puesta del sol, habría estado en la tumba "3 días y 4 noches". Yeshua resucitó en algún momento durante el Shabbat, cuando María Magdalena y la otra María estaban observando el Shabbat (Lucas 23:56).

Mateo 28:1 Ahora bien, en el cierre (anochecer) del Sábado, como el primero de la semana estaba amaneciendo, vino Maryam (Maria) Magdalena y la otra Maryam (Maria) para que puedan ver la tumba.

Andrew Gabriel Roth escribe:

> El Arameo dice literalmente: "*b'ramsha din b'shabata*", o "la noche del Shabbat". El significado literal de *ramsha* es "tarde" o erev (víspera), pero aquí se usa idiomáticamente. El amanecer y la puesta del Sol no son el único uso, no es el "amanecer de una nueva era", o como dice Juan 19:31: "*mitil d'shabata negha*", "el Shabbat estaba amaneciendo". Al comparar otros versículos que registran este evento, la hora del día al cual se hace referencia es claramente más de la mitad de un día antes del amanecer literal. En Juan capítulo 19, cuando se pone a Y'shua en la tumba, todavía se refieren a él como "el día", tanto en Arameo y Griego. La metáfora "amanecer" para "empezar" se confirma en Juan 19:42. Una forma más literal, "*mitil d'shabata aiala*", se leería como "el

Shabbat estaba comenzado/entrando/por empezar".
Lo que es cierto para "amanecer", también es cierto
de "ponerse" en el sentido de "conclusión", como se
entiende aquí. Esto concuerda con la versión griega,
la información aramea en Mateo, y con otros
escritores en el Nuevo Testamento.

La conclusión es que, para el momento en que las dos
Marías llegaron a la tumba de Yeshua, ¡no lo encontraron
por ningún lado porque ya se había ido! Desde que murió a
la hora novena [3:00 p.m.], tres días y tres noches más tarde
sería a las 3 pm del sábado....

Como puede observarse, las Escrituras - leída en su
contexto - son muy claras en cuanto a cuando murió
nuestro Salvador, cuando fue sepultado, y cuando resucitó.
Él no se levantó el Domingo. *Incluso si lo hubiera hecho,
¡la Biblia en ninguna parte nos dice que nos permite
cambiar el Shabbat de YHWH del séptimo día al primer día
de la semana, sin tener en cuenta que a la hora exacta de su
resurrección!* Por lo tanto, no hay absolutamente ninguna
razón para que la iglesia cristiana se adhiera a la corriente
principal de la tradición dominical. Podemos **adorar** a
cualquier día que queramos, pero el **día de descanso** de
YHWH siempre ha sido en el séptimo día. ¡Eso nunca ha
cambiado!

La idea de una resurrección del amanecer Domingo conecta
de nuevo a Ezequiel 8:16

*Ezequiel 8:16. Entonces me llevó al atrio interior de de la Casa del
YHWH — ¡y mirad! — ¡en la puerta del Templo de YHWH, entre el
pórtico y el altar, había unos veinticinco hombres con sus espaldas*

hacia el Templo de YHWH y con su rostros se volvieron hacia el este mientras adoraban al sol en el este!

La mayoría de los cristianos están dando la espalda al Shabbat y a la Torá, la palabra de YHWH, ya que siguen una religión que les dice que "Jesús (y/o Pablo), acabó con la Ley." Pero YVHH dice que Él dio la Torá para que su pueblo no recurrir a estas cosas:

Deuteronomio 4: *19. Y tenga cuidado de no levantar los ojos al cielo y mirar el sol, la luna y las estrellas, y todo en el cielo, y como resultado se llevados a postrarse y servir a ellos, porque YHWH tu Elohim ha dado a todos estas cosas a todos los pueblos debajo de todo el cielo.*

Los cristianos creen que es aceptable "santificar" el Domingo "en el nombre de Jesús", y muchos no piensan que se están inclinando ante el sol y adorándolo, sin embargo, rinden homenaje a las instituciones que han cambiado "tiempos y la ley" (Daniel 7:25) así que si los cristianos se den cuenta o no, el culto en Domingo fue tomado del paganismo y no tiene nada que ver con lo que Yeshúa mismo practicó y enseñó.

¿Deberían los Cristianos Ser Observantes de la Torá?

Capítulo 7

Contrario a la creencia popular, ¡Hechos 15 no exime a los creyentes Gentiles de ser observantes de la Torá!

A menudo, la gente cita Hechos 15 para mostrar que los gentiles están exentos de la Torá. Pero, cuando se lee en su contexto, vemos un panorama totalmente diferente, uno que muestra que los apóstoles estaban discutiendo seriamente cuál de los mandamientos debían ser los primeros observados por los creyentes gentiles para entrar en el reino. Vamos a examinar unos pocos versos:

Hechos 15:19. Debido a esto (lo) digo que no deben ser los opresores que de entre los Gentiles están recurriendo a Elohim. 20. Pero vamos a enviar (palabra) para que se abstengan de la inmundicia de los sacrificios (ídolos) y del adulterio y de las cosas que están estrangulados y de sangre. 21. Porque desde generaciones antiguas en todas las ciudades Moshe (Moisés) tenía predicadores en las sinagogas todos los Shabbats (Sábados) en que lo lea."

En el pasaje anterior "Ídolos" significa: Lo que es "sacrificado" a otros dioses de acuerdo a la palabra de

117

YHWH en Deuteronomio 32:17 se sacrifica a los demonios. Levítico 17:12-16 manda que ni el Judío ni el extranjero consuma la sangre o la carne de animales que no sean sacrificados. En cuanto a la palabra "adulterio" Andrew Gabriel Roth sugiere: "La prohibición de la fornicación tiene un amplio espectro, contra todo tipo de perversión física y prostitución espiritual. Estas directivas de la Torá son eternamente vinculantes para todos los que siguen a Yeshua Mashiaj y que buscan la *Maljut* (Reino) de Dios. "

Roth explica que el verso 21 arriba es un cumplimiento muy claro de Isaías 56:1-9:

Los gentiles conversos están observando Shabbat y estudiando la Torá como un solo cuerpo, junto con los Judíos. Poco después, Marción, a quien Policarpo se refería como "el primogénito del diablo" construyó la primera iglesia solo de gentiles para promover el Cristo-Paganismo. Marción celebró sus servicios el domingo mezclándolo con el culto a Zeus (el dios del sol), y proyectando una identidad híbrida de Je-Zeus en oposición a la identidad judía Mashíaj. Las teologías modernas de Je-Zeus Cristo se basan más en el Helenismo que en los fundamentos originales de los valores hebreos. Marción acuñó la expresión "Antiguo - Nuevo Testamento", e hizo su mejor esfuerzo para advertir a los gentiles que se alejaran de la Torá y del "Dios del Antiguo Testamento." Marción inventado teologías conocidas como la Doctrina del Remplazo, el Supercesionismo, las Dispen-saciones, etc, que son muy populares entre el Cristianismo de hoy.

Recuerde, los gentiles en los días de Pablo fueron expuestos a la Torá cada Sábado en las sinagogas, así Pablo supuso que la observación de estas cuatro normas en última instancia conducirían a la obediencia adecuada de **toda** la Torá. Por lo tanto, los apóstoles eligieron los siguientes mandamientos para que los gentiles comenzaran a observarlos que incluía abstenerse de:

1. lo contaminado por los ídolos
2. adulterio (fornicación)
3. de la carne de animales estrangulados
4. sangre

Lo siguiente fue tomado y condensado a partir de artículo de Baruch ben Daniel *Food* (sobre la Alimentación) en el sitio web "Mashiyach" (http://www.mashiyach.com, sitio web en Inglés).

Abstenerse de las cosas contaminadas por los ídolos:

YHWH ordenó: *Éxodo 20:3. "No tendrás otros dioses delante de Mí."*

Comer alimentos que se dedican a otros dioses muestra lealtad al pueblo y al dios para el que se sacrificó, en consecuencia, está prohibido.

Cualquier persona que no come de las cosas "sacrificada a los ídolos" también está teniendo cuidado de no convertir los valores culturales politeísta en un estilo de vida Mesiánico. Esto no es solamente acerca de la abstención de ciertos alimentos, hay muchos aspectos de la comunidad y el status quo de los valores que se unen a las cosas "sacrificadas a los ídolos."

La compañía que mantiene una persona es también algo que nos ocupa, esta distinción con respecto a los alimentos trae la oportunidad de presentar a otros al Reino. Este asunto de comer las cosas "sacrificadas a los ídolos" es tan básico y fundamental que tiene el poder de sacar almas fuera del paganismo, al igual que cada uno de los mandamientos de YHWH. Para ser Kadoshim (personas santas, apartadas), como los es el Mashíaj (Mesías), cada individuo debe tomar la decisión de sostener la Torá como la Palabra de YHWH, o no.

Pero la falsa religión presenta "alternativas " a la palabra de YHWH, el relativismo, la eliminación de las distinciones de lo Apartado para hacer conveniente las tradiciones para que las personas no se sienten avergonzados por la verdad. Y'shua y sus discípulos nunca comieron *trefá* (alimentos se consideran impuros, es decir, los cuáles no cumplen con los preceptos de Cashrut y por tanto no son casher), ni cosas sacrificadas a los ídolos, ni se comían "lo que se pusiera delante de ellos", lo cual es simplemente un religiosa.

Abstenerse de fornicación:

La abstinencia de la fornicación significa evitar toda forma de perversión sexual. Sin embargo, el sentido más amplio se refiere a la fornicación con las deidades culturales y estilos de vida que tienen sus raíces en el paganismo.

La novia de Mashíaj tiene un llamado claro de separarse del paganismo. El valor de cada alma es bienvenido en el

Reino de Elohim en igualdad y elevada en el entendimiento de que cada uno fue hecho a "la imagen de Elohim." Cada uno está llamado a desechar "el viejo hombre", el evolutivo evangelio moderno que eleva los logros del hombre, la ciencia y las religiones por encima de la Palabra de YHWH.

Por desgracia, hay muchos ejemplos en el Cristianismo que se adaptan al elemento pagano. Por ejemplo, los servicios de la iglesia en Domingo se originó con sacrificios al sol. La "Semana Santa" (de la diosa Ishtar, Easter en Inglés) era originalmente un festival pagano que conmemora una diosa de la sexualidad. Los "Huevos de Pascua" se originó en los rituales paganos de la fertilidad. Los "Árboles de Navidad" tienen su origen en Tamuz (la Rama), un dios del sexo cuyos admiradores ponían bolas en los árboles de hoja perenne como recuerdos testicular del sexo masculino de su dios. El pequeño árbol de hoja perenne marca el renacimiento de Tamuz.

Abstenerse de la fornicación demanda que uno no práctica las costumbres de los paganos a través de fornicar con sus deidades, o permitir el sincretismo para llevar el paganismo a "el evangelio".

2 Timoteo 4:3. Por el momento llegará cuando no van a dieres oído a la sana doctrina; pero, de acuerdo con sus deseos, se multiplican para sí maestros en el picor de su audición, 4. Y apartarán sus oídos de la verdad, y la inclinar después de las fábulas. 5. Pero estar atentos en todas las cosas, y soportar los males y hacer el trabajo de un predicador de la Buena Nueva, y cumple tu ministerio.

Abstenerse de carne de animal estrangulado:

Levítico 22:8. Él nunca va a comer cualquier animal que muere ya sea por sí mismo o es asesinado y destrozado por las bestias, llegando a ser inmundo a causa de ello. Yo soy YHWH.

Deuteronomio 14:21. "No comáis de cualquier cosa que muere por sí mismo: lo darás para el extranjero que está en tus ciudades, para que lo comamos, o usted puede vender a un extranjero, porque tú eres un pueblo santo para YHWH tu Elohim. Usted no deberá hervir un cabrito en la leche de su madre."

El mandamiento de no comer nada que muere por sí mismo se refiere a la muerte por medios naturales, independientemente de la forma en que murió, está prohibido comerlo. El mandamiento en Hechos dice específicamente que el animal no debe haber muerto por estrangulamiento, lo cual es como si carniceros "no-kosher" matara a los animales para comer. En otras palabras, a los seguidores no judíos de Y'shua se les ordenó tomar precauciones especiales sobre de donde obtuvieran la carne.

Imagine vivir en los días previos al Mashíaj, y trae un sacrificio al Templo para hacer restitución por hacer algo mal. Imagínese llevando al animal a Jerusalén para una ofrenda durante la celebración de una fiesta. El tratamiento con dureza hacia los animales, refleja una actitud negativa hacia el perdón, la gracia y las bendiciones que serán otorgados a usted. ¡La persona que no muestra bondad hacia los animales, es probable que no mostrará amabilidad hacia las personas!

Las leyes de la Torá sobre el bienestar animal, son

122

universales y atemporales, porque dentro de la ley están los principios de Justicia y Misericordia que se aplican a todos los demás componentes de la vida, incluso cómo nos tratamos unos a otros. Todo en nuestro planeta encaja con las leyes que se refieren a los animales limpios y sucios, y cómo preparamos nuestros alimentos, porque son parte de la orientación universal de YHWH.

Las leyes que se refieren a los animales nos muestran que si vamos a tratar la sangre de un animal con respeto, ¡cuánto más vamos a respetar la sangre humana, cuánto más debemos establecer la dignidad de todas las personas! Hay muchas leyes y principios básicos que están inmersas.

Éxodo 34:14. "Porque de inclinar a ningún otro dios, pues YHWH, cuyo nombre es Celoso, celoso Elohim: 15. Para que no hagas alianza con los moradores de la tierra, y ellos se prostituyan tras sus dioses, y hacer sacrificio a sus dioses, y te llamarte uno, y comerás de sus sacrificios; 16. Y tomando de sus hijas para tus hijos, y sus hijas se prostituyan tras sus dioses, harán tus hijos se prostituyan tras sus dioses."

Una directiva muy sencilla, pero que no presagia nada bueno con una Iglesia que se siente avergonzada por los absolutos de la Palabra de YHWH. Hijos e hijas cristianos están siendo instruidos para ir tras dioses paganos por sus sacerdotes, pastores, padres y madres que "no ven nada malo" con la decoración de árboles de Tamuz para Navidad, pintando los huevos de Ishtar, que conmemora una diosa del sexo y de la fecundidad, y la celebración de sus dioses en día del Sol. Esta es la forma moderna de fraccionar la Palabra de YHWH y de comer "cosas" sacrificadas a los ídolos.

Abstenerse de sangre:

Levítico 7:26. *Y nunca se va a comer cualquier forma o tipo de sangre - ni pájaro ni bestia - en cualquiera de sus viviendas. 27. Cualquier persona que participa de la sangre de ninguna manera, esa persona será cortada de en medio de su pueblo.*

Esto es muy claro y para los seguidores no judíos de Yeshua:

Levítico 17:12. *Por lo tanto, he dicho a los hijos de Israel, a nadie con usted puede comer la sangre, ni ningún extranjero que reside con usted come cualquier sangre.*

Cuando una persona "se mantiene alejada de la sangre", ellos están eligiendo seleccionar la carne que es sacrificada de acuerdo a la Palabra de YHWH. Cuando la Torá es considerada como un todo, y podemos empezar a entender la unidad de la Palabra, podemos fácilmente deducir cómo un animal ha de ser sacrificado.

Escrituras como Génesis 22:10. *"Y Avraham (Abrahán) extendió su mano y tomó el cuchillo para degollar a su hijo"* revela una metodología de matar a un sacrificio. El mismo cuchillo que Abraham estaba a punto de utilizar en su propio y amado hijo, dentro de muy poco verá su verdadero propósito:

Génesis 22:13. *Entonces alzó Avraham (Abrahán) sus ojos, y miró, y he aquí sus espaldas un carnero trabado en un zarzal por sus cuernos. Y fue Avraham (Abrahán) y tomó el carnero, y le ofreció para el holocausto en el lugar de su hijo.*

Obviamente, esto presagiaba al Mashíaj ben Yosef (el Mesías hijo de José), quien es Y'shua; ¡sin embargo ninguno de nosotros puede comenzar a imaginar lo importante que era el carnero para Abraham, o para su hijo Yitzjak (Isaac)! La sangre del carnero que se le dio a cambio de la sangre de su hijo amado; ¡cuan agradecido y contrito estaba Abraham por la vida de ese muy precioso carnero!

Este evento tiene una visión de cómo debemos considerar la vida de un animal, ya sea para el sacrificio, o para la alimentación. Mostrando respeto por la sangre no sólo estamos de acuerdo en que la sangre es muy importante para YHWH, ¡también en que la vida misma es de suprema importancia para el Dador de toda Vida!

Génesis 9:3. Todo lo que se mueve y vive, os será para mantenimiento; como la hierba verde he dado todo. 4. Pero carne con su vida, que es de la sangre, usted no va a comer. 5. Y seguramente su sangre, la sangre de vuestras vidas, yo la demandaré, de la mano de todo animal la demandaré, y de mano del hombre, incluso de la mano del varón su hermano, demandaré la vida del hombre. 6. El que derrame sangre de hombre, por el hombre su sangre será derramada; porque es la imagen de Elohim.

NOTA: Lo anterior es el comienzo de *kashrut,* o las leyes dietéticas kosher. La dieta en el Edén era simplemente para evitar la fruta de un árbol. Ahora, aquí por primera vez, se nos dice que los animales deben ser sacrificados con la sangre completamente drenada. Esto no quiere decir que Noé y su familia podían hacer esto con los cerdos y los mariscos. Si recordamos que Moisés escribió tanto el Génesis y el Éxodo podemos ceder ante el gran maestro para obtener más especificaciones mientras él continúa con su relato y nos explica que los animales prohibidos nunca contaron como "alimento" per se de todos modos.

Sí, mantenerse alejado de la sangre es un mandamiento "negativo", abstente de hacerlo, sino el mandamiento "positivo" proactivo, el cual es ¡honrar la vida de todos los seres vivos!

A la luz del mandamiento que se mantenga alejado de la sangre, el mandamiento de "mantenerse alejado de una cosa estrangulada" tiene un nuevo significado progresivo que se le atribuye. Una cosa estrangulada o podría significar que el animal fue estrangulado hasta la muerte antes de ser sacrificado, o que lo tenian atrapado en una valla o en un entorno natural. De cualquier manera, el animal no murió con toda tranquilidad y la sangre no se drena bien.

El hecho es que si la vida del animal es respetada, entonces es posible que al sacrificarlo va a morir muy pacíficamente, y ni siquiera sabrá que se ha cortado o que está sangrando. Para muchos, esta es una cosa difícil de contemplar, pero por supuesto no estamos frente a los vegetarianos en sí, sino los que compran sus carnes al carnicero en la ciudad. Todos los que siguen a Y'shua, y que realmente aprecian las barbacoas de verano en el parque, o en la playa se les ordena que "se mantenga alejados de una cosa estrangulada", sin "si", "pero" o "quizá", por lo tanto, la acción de cumplir con este mandamiento nos une en el Mashíaj. ¡Aquellos que desafían este mandamiento están divergiendo con el Reino de Elohim, y los valores que Mashíaj confirmó con su propia vida!

Cuando se prepara el animal para masacre, una persona ha de tener un modo de pensar que es consistente con respecto a la sangre del animal. La sangre y la vida del animal es sinónimo, por lo tanto el que hace la masacre es tener un aprecio por la vida que está tomando, y mostrar bondad hacia al animal.

Hechos 15: ¿Realmente nos muestra que el Cristiano no necesita ser circuncidado?

Muchos líderes cristianos citan Hechos 15:22-35 para probar que la circuncisión es sólo para los Judíos. Estos líderes tienen que volver a leer las palabras de YHWH en Génesis 17, que claramente ordena a los no Judíos que forman parte de Isra'el deben ser circuncidados:

Génesis 17:11. Y usted será circuncidada en la carne de su prepucio. Y será por señal del pacto entre mí y vosotros. 12. Y el que es de ocho días de edad será circuncidado entre vosotros todo varón por vuestras generaciones; el nacido en casa, y el comprado por dinero a cualquier extranjero que no sea de tu simiente. 13. El que ha nacido en tu casa, y el comprado con tu dinero, deberán ser circuncidados. Y estará mi pacto en vuestra carne por pacto perpetuo. 14. Y el varón incircunciso que no hubiere circuncidado la carne de su prepucio, aquella persona será cortada de entre su pueblo. Se ha roto mi pacto.

Una nota al pie en el Nuevo Testamento Árameo-Inglés explica que en Hechos 15:28-29 podemos ver un ejemplo de atar y desatar: "El asunto de la circuncisión se estaba aplicando en proporción a la necesidad inmediata, como se indica por el Ruaj HaKodesh (Espíritu Santo). En lugar de realizar el acto de la circuncisión antes de aprender Torá, los nuevos conversos requieren aprender y aplicar la Torá, y luego, cuando tienen una buena comprensión, serán circuncidados, pero no a la inversa. Las llaves del Reino son la sabiduría y el discernimiento propuesta por el *Ruaj HaKodesh* a aplicar la Palabra de YHWH."

Y'shua, el Judío observante de la Torá, que vino a enseñar al mundo acerca de YHWH y sus mandamientos, "compró y pagó" con su sangre preciosa por todo el mundo incluyendo a los gentiles. Y'shua mismo fue circuncidado, por lo tanto es lógico que cualquier persona que en él cree, también debe ser circuncidado.

Capítulo 8

¿Todavía cree que "la Ley es una maldición"?

*Deuteronomio 4:39. Conozca hoy y reafirmar la idea en su ser más profundo que YHWH es el Elohim del cielo arriba y la tierra abajo y no hay otro. 40. **Por lo tanto, usted debe guardar Sus estatutos y las Mitzvot** (Mandamientos) que estoy dando hoy, para que tus días sean agradables para usted y para sus hijos con usted, que usted puede vivir mucho y bien en la tierra que **YHWH tu Elohim te da para todos los tiempos**.*

Cada vez que aparece la expresión "por lo tanto" a menudo significa algo muy importante que debemos seguir – como ocurre en el versículo 40 donde se nos dice, *"Usted va a mantener sus leyes y mitzvot (mandamientos).... Para que le vaya bien a ti ya tus hijos después de ti...."* En otras palabras: ¡Aquellos que adoran al Dios de Abraham, Isaac y Jacob **deben** ser observante de la Torá!

A riesgo de ser redundante, ¡YHWH no estaba "maldiciendo" al hombre cuando le dijo a Moisés que le presentara los Divinos Mandamientos a su pueblo para que viviera! Los Mandamientos contenidos en la Torá le enseñan al hombre lo bueno y lo malo y nos mostra cómo obedecer a Dios y adorarlo correctamente.

La "maldición de la Ley" no es por guardar los Mandamientos de YHWH; es nuestro intento de obtener la salvación, siguiendo la ley sin fe, porque como seres humanos, somos propensos a tropezar en algún momento. TODOS sus Mandamientos fueron dados por una razón, TODOS ellos fueron dados para nuestro beneficio. Después de la Creación Él no lanzó al hombre al ruedo para valerse por sí mismo, Él nos dio un plan divino para una vida santa.

Sin embargo, muchos cristianos se niegan e incluso se molestan con los Diez Mandamientos, por no hablar de los "613", insistiendo en "Jesús nos dio sólo dos Mandamientos a seguir":

*Mateo 22:37. Y Yshua le dijo que "Usted debe amar Maestro YHWH tu Elohim con todo tu corazón y con toda tu alma y con todas tus fuerzas y con toda tu mente." 38. Este es el primero y el grande mandamiento. 39. Y el segundo es semejante a éste. Que "Usted debe amar a tu prójimo como a ti mismo." 40. **De estos dos mandamientos ala Torá y los profetas.***

Por favor, tenga en cuenta y contemple el versículo 40: ¿Dice que ahora usted puede **ignorar** la ley y los profetas? ¿Esto de alguna manera indica que todos los demás Mandamientos quedan anulados? Si esos son los dos únicos mandamientos a seguir, la pregunta sigue siendo: ¿Cómo sabremos lo que es no mentir, no asesinar, no robar, no cometer adulterio, etcétera? ¿De nuestros padres? ¿De nuestros amigos? ¿De quién? ¿Y dónde encontrar cómo comportarnos a la manera de Dios? La respuesta es:

YHWH fue el primero en presentar las reglas de lo moral, la conducta santa - ¡y ciertamente **hubo más de dos reglas de conducta!** Nos honró con muchos, revelándolas de acuerdo a sus propios deseos y en su tiempo propicio - ¡y Él espera que las sigamos sin preguntar!

Pídale a cualquier persona en la calle que cite los Diez Mandamientos - o solamente los "dos" y verá qué sucederá. Seguramente estará en apuros para encontrar tan solo uno que pueda proporcionar una respuesta directa. ¡La ausencia de la moralidad en nuestra sociedad y su gusto por la "tolerancia" y "aceptación" de conductas impías es amplia evidencia de ese hecho!

Mateo 22:37-40, al leerlo en el contexto, significa que si nosotros amamos a Dios con todo nuestro corazón, entonces haremos cualquier cosa que nos pida su Torá. De acuerdo con el AENT:

> "La Torá y los profetas dependen o "se sostienen" de estos dos grandes mandamientos de amor. Los que obedecen los Mandamientos, son los que aman YHWH (Mateo 19:17; 1 Juan 5:2-3). Sin amor, la observancia de la Torá es vanidad, y sin la Torá, el "amor" de uno es vanidad."

¡Sin las divinas instrucciones de YHWH, el hombre está totalmente perdido! Fueron, son, y siempre serán parte de la Torá, la cual Dios dijo que permanecerá para SIEMPRE...

*2 Timoteo 3:16. **Toda la Escritura** que fue escrita por el Espíritu es rentable para instrucción y para la refutación decisiva, y para corregir, y para el aprendizaje profunda extensa en justicia, 17. **Que***

131

el hombre de Elohim puede llegar a ser perfecto y completo para toda buena obra.

Este verso del *Brit Hadashá* (Nuevo Testamento) dice "TODA la Escritura es inspirada por Dios"; no dice, "Toda la Escritura excepto la Torá..."

El *Tanak* ("Antiguo Testamento") muestra una y otra vez, que en los tiempos Bíblicos, que si un Gentil se unía a Isra'el, le era requerido abandonar todas sus antiguas costumbres paganas. La Biblia declara que hay **una** Torá para Isra'el y para el Gentil que habite con ellos. YHWH explícitamente dijo:

Éxodo 12:49. *Esta misma Torá-instrucción es venir a pasar igualmente por su nativo-nacido, así como para el extranjero que vive con ustedes.*

NOTA: Éxodo 12:49 se refiera a "torá" con "t" minúscula, lo que significa "instrucción/mandamiento", como opuesto a "Torá" con "T" mayúscula, la cual se refiere como un término técnico para todo el código moral dado en el Monte Sinaí.

En otras palabras: como creyentes en el Dios de Abraham, de Isaac, y de Jacob, somos **uno** a los ojos de Dios, y nos es requerido actuar acorde con ello.

Levítico 17:8. *Y entonces les digo: "Si alguien de la casa de Israel o entre los extranjeros que residan con ellos trae una ofrenda o un sacrificio quemado y no lo traiga a la entrada de la tienda de reunión como un sacrificio para YHWH, que la persona debe ser cortado de entre su pueblo."*

Números 9:14. *Y si un extranjero reside con vosotros en medio de ti y quiere hacer la Pascua á YHWH, alineándose con las normas y requisitos para Pesach (Pesaj) de YHWH, y hará con aquél que ejecute [como lo haría]. Usted tendrá un estándar de conducta para el extranjero como para el nativo nacido de la tierra.*

Deuteronomio 31:12. *Reúne al pueblo como una asamblea—los hombres, las mujeres y los niños— junto con los extranjeros que residen con usted en su pueblos— 13. Para que puedan oír, hacer, aprender y comprender la majestad de YHWH tu Elohim, por todo el tiempo que habita en la tierra que vas a cruzar al otro lado del Yarden (Jordán) para tomar posesión del.*

Algo para refleccionar:

Deuteronomio 32:21. *Me han hecho celosos con sus inexistentes dioses y provocó la ira en Mí con sus naderías divinas, para que luego les provocan en ira con una nación insensata.*

En el *Tanak* las palabras "gentil", "idolatra" and "pagano" a menudo se usan como sinónimos. Un Gentil era (y todavía lo es) un no Judío, alguien que no creía ni cree ni tampoco adora a YHWH. (Por favor lea Esdras 6:21, Nehemías 5:8-9, Isaías 9:1, 42:6.)

Romanos 10:19. *Pero yo os digo: ¿No conocido esto Israel? En primer lugar, Moshe (Moisés) dijo así: Me va a despertar la emulación por un pueblo que no es un pueblo; y por un pueblo rebelde que Yo os provocaré.*

¡Aquellos quienes no son "pueblo" son los Gentiles, no los Cristianos! Los Cristianos no son una "nación"….

Romanos 11:11.   Pero yo les digo: ¿Han tropezado para que caiga por completo? ¡De ninguna manera! Más bien, por sus tropiezos, la vida ha llegado a los Gentiles para (despertar) sus celos.

Por favor, observe que Pablo, un Judío, no dice "los cristianos" o "la Iglesia", serán injertados o provocarán los celos a los Judíos, él dijo que "los gentiles." En otras palabras, no serán los Cristianos a través de uno de sus múltiples Denominaciones sin Torá que pondrán celosos a los Judíos, sino los creyentes en el Mesías observantes de la Torá...

Zacarías 8:23. YHWH Tsavaot [de los Ejércitos] dice lo siguiente: En aquellos días, diez hombres de todas las naciones asirán tenazmente en los bordes de la prenda con alas de un Judío y decir: ¿Podemos por favor caminar con ustedes, porque hemos oído que Elohim está en su medio?

Los Gentiles son "injertados" al Árbol de Olivo. Son los Hebreos (a quienes ahora se les conoce como Judíos) – los únicos con quien YHWH hizo Su pacto original - quienes están repartiendo la "rica raíz del olivo", no los Gentiles. Sin embargo, los Gentiles observantes de la Torá creyentes en el Mesías ciertamente llegarán a desempeñar un papel importante:

Romanos 11:17. Y si algunas de las ramas fueron arrancadas; y tú, una aceituna del desierto, fueron injertados en su lugar y se han convertido en un heredero de la raíz y de la rica savia del olivo, 18. No te jactes contra las ramas. Porque si te jactas, no sustenta la raíz, sino la raíz te sostiene.

Por lo tanto, si alguien va a llevar a celos a los Judíos, son aquellos que son Torá observantes creyentes en Yeshua

HaMashíaj - aquellos que se han despojado de su carne débil y se han acercado a YHWH y a su Mesías, para en la actualidad "caminar" en la voluntad de Dios. Aquellos que insisten en que ésto es ser "legalista" no se dan cuenta que son **ellos** los que han entendido mal el concepto, porque la Biblia, una y otra vez, se refiere a nuestra necesidad de ser observante de la Torá que **no tiene nada que ver** con el "legalismo":

Josué 1:8. No dejes que este Libro de la Ley apartará de tu boca; sino que meditarás en él día y noche, para que cuides de hacer todo lo escrito en ella. Entonces usted será próspero y exitoso.

Como se ha reiterado una y otra vez en este libro, Y´shua fue un observante de la Torá, guardaba el Shabbat y las festividades, era un Judío kosher que fue anunciado en todo el Tanak y llegó a ser nuestro sacrificio final por el **pecado**. ¡Tratar de separarlo de su judaísmo tiene el mismo sentido como tratar de separar a Martin Luther King de su herencia afro-americana!

Génesis 49:10. El cetro no se apartará de Judá, Ni el legislador de entre sus pies, Hasta que venga Shiloh (Siloh). Y a él se la obediencia de los pueblos sea.

Aunque este concepto es, sin duda, una píldora difícil de tragar para los Cristianos temerosos de Dios que aman al Señor con todo su corazón, usted debe preguntarse lo siguiente: ¿Por qué los Judíos querrían deshacerse de la Torá y de todo lo que han creído del *Tanak* con el fin de seguir (al cristiano) "Jesús" que en nada se parece al Dios de Abraham, de Isaac, y de Jacob?

Y´shua mismo nos mandó a predicar el Evangelio (Mateo 28:18) y Rav Shaúl más tarde habló de que los Gentiles pondrían "celosos" a los Judíos (Romanos 10:19, 11:11 y 11:14 – cumpliendo así Deuteronomio 32:21). **¡Debemos** difundir las Buenas Nuevas, pero debemos hacerlo de acuerdo a los Mandamientos de YHWH!

Aunque ya hay muchos Judíos cuyos ojos espirituales se han abierto a la verdad del Mesías, los ojos de la mayoría de Judíos tradicionales siguen estando cegados por el momento (pero no por mucho tiempo porque, a juzgar por los acontecimientos mundiales, especialmente en el Oriente Medio, estamos en los tiempos finales como se describe en los libros de Daniel y Apocalipsis). YHWH ha esparcido a su pueblo elegido con el propósito de propagar la Palabra acerca de sí mismo. ¡Si no hubiera sido por los creyentes Judíos, el mundo **nunca** habría oído hablar de YHWH ni de Y´shua! Él habría permanecido como el secreto mejor guardado de la pequeña Isra'el, y el resto del mundo todavía se estuviera ahogando en el paganismo, sin darse cuenta de la Torá ni del Mesías.

Teniendo en cuenta todo lo que he leído aquí, por favor, recuerde que la difusión del Evangelio no es en lo absoluto una sentencia de muerte para acercarse a Judíos tradicionales con palabras como: "*Jesús te ama, Él murió por ti y mientras lo hacía, clavó la Ley en la cruz para que usted no tenga que realizar más «obras» - y si usted no cree esto, usted va a ir al infierno.*"

¡Sólo YHWH mismo decidirá quién estará o no estará en el Cielo con Él! ¿Por qué Judíos querrían rendir culto a alguien que parece contradecir todo el *Tanak*, y que supuestamente reemplazó sus propios mandamientos "eternos" - y cuyos seguidores, los "Cristianos," han estado matando a los Judíos desde tiempos inmemoriales, en un esfuerzo para obligarlos a "aceptar Jesús en su corazón"?

Además, por favor pregúntese esto: ¿Por qué los Judíos "creerían en" alguien que fue un sacrificio *humano* cuando YHWH nunca exigió sacrificios humanos? Si usted recuerda, Él incluso envió un carnero en el momento antes de que Abraham estaba a punto de sacrificar a su hijo, Isaac (Génesis 22:1-24). La mayoría de los Judíos tradicionales todavía no reconocen que Y´shua - que era YHWH en la carne porque él era "un brazo" (extensión) de YHWH con una naturaleza divina - *vino a proclamar el Reino* de YHWH y finalmente **se eligió a sí mismo mártir** por nosotros...

Y´shua habló incluso del Reino (es decir, YHWH y Su Torá) *después* de su muerte (Mateo 28:18-20, Marcos 16:15-20, Lucas 24:25-53)! Y´shua ni una sola vez habló de "los Evangelios" o sugirió que "la Gracia" de alguna manera reemplazarían todas las divinas instrucciones de YHWH para la Justicia. Él *constantemente* confirmó la Torá.

Hechos 1:3. Los que también a quien se reveló con vida después de que él había sufrido. Con numerosos signos de cuarenta días, y estaba siendo visto por ellos, y habló acerca del Reino de Elohim.

Aquí está otro hecho: al leer los Evangelios nunca vemos Y´shua realizar ningún milagro **antes de ser bautizados**, con lo que se abre un agujero en el concepto de la "Trinidad". Hechos 10:37 - 38 nos dice que cuando Y´shua fue bautizado, el poder de YHWH vino sobre él, y sólo *entonces* Él estuvo expulsando a los demonios, sanando a los enfermos, y otros milagros. ¡Él simplemente no tenía el poder de YHWH en su vida hasta que fue bautizado, porque no fue ungido de YHWH hasta que fue bautizado! Como un hombre (a pesar de que Él era el Hijo) Y'shua no podía hacer nada por sí mismo (Juan 5:30). Fue el poder de YHWH el Padre que realizó todos y cada uno de los milagros a través de Su Hijo.

Y'shua incluso dijo de él que era un hombre:

Juan 8:40. Pero he aquí, ustedes buscan matarme, hombre que verdaderamente habló con vosotros lo que he oído de Elohim....

Hechos 10:37. Y también (usted) sabes de la palabra que estaba en toda la Yehuda (Judea) que salió de **Galeela (Galilea) después de la inmersión que predicó Yochanan (Juan)** *38. Acerca de Y'shua que era de Nasrath (Nazaret), que Elohim ungió con el Ruach haKodesh (Ruaj HaKodesh) y con poder. Y éste es el que viajó alrededor y sanó a los que estaban oprimidos por el mal, porque Elohim estaba con él. 39. Y nosotros (son) sus testigos sobre todo lo que hizo en toda la tierra de Yehud (Judíos) y de Urishlim (Jerusalén). Él, esto mismo los Yehudeans colgado de madera y lo mató. 40.* **Y Elohim le resucitó al tercer día y le permitió ser vistos abiertamente.** *41. Pero no a todas las personas, pero para nosotros, los que fueron escogidos por Elohim para ser testigos de él. Para que comimos y bebimos con él después de su resurrección de entre los muertos.*

Y'shua fue anunciado como el Mesías, así como también él fue llamado el Rey de Reyes en algún momento de su ministerio, pero Él no entró en las oficinas en el momento de los anuncios.

Sin embargo, todavía muchos Cristianos - en lugar de educarse a sí mismos sobre el Dios de Abraham, Isaac y Jacob ANTES de abrir sus bocas - intentan empujar en la garganta colectiva del mundo a un "Jesús" no-judío y sin Torá, al tiempo que hacen comentarios ignorantes sobre "los Judíos". Casos puntuales: Un conocido evangelista ha sugerido recientemente que en el final de los días Judíos finalmente se convertirá en "Cristianos"; mientras que un autor muy conocido y popular comentó que los EE.UU. sería un lugar mejor si no hubiera ningún judío y que era necesario estos se "perfeccionaran" convirtiéndose en Cristianos.

¡Ambos comentarios muestran una completa ignorancia! Los Judíos nunca se "convertirán en Cristianos" y los EE.UU han sido bendecidos, en parte, **debido** a la presencia del "Pueblo Escogido" de YHWH. Mientras Que la mayoría de los Judíos no se han dado cuenta de que su Mesías ya vino y que pronto regresará, ellos saben quién es "Dios" y ellos saben que Él ha prometido que Él siempre cuidará de ellos:

Jeremías 31:35. Porque Yo perdonaré su depravación y no recordar más de su pecado. 36. Y YHWH dice también: ¿Quién da el sol para luz del día y las ordenanzas de la luna y de las estrellas como una luz en la noche? ¿Quién se divide y se agita el mar en olas atronadoras? ¡YHWH Tsavaot {de los Ejércitos} es Su Nombre!

Los Judíos religiosos son observantes de la Torá y hacen su voluntad - ¡sin duda los pone en una posición favorable con Él! - Pero hasta ahora, no han estado dispuestos a reconocer que ya tienen un sacrificio final por los pecados en Y´shua. Sin embargo, la Biblia nos dice que *lo harán* un día:

Romanos 11:25. (Porque yo quiero que sepas esto) misterio, que la ceguera de corazón tiene en alguna medida acontecido a Israel hasta

139

que la plenitud de los Gentiles vendrá en: 26. Y entonces todo Israel vive. Como está escrito: A Vendrá de Tsiyon (Sión) y apartarán iniquidad de Ya'akov (Jacob). 27. Y entonces tendrán el pacto que proceder de mí cuando yo habré perdonado sus pecados.

"Todo Israel" se refiere a aquellos que se vuelven a YHWH y reciben al Espíritu de Mashiaj. Pablo no dice ni quiere decir que cada Judío o Israelita por motivos de raza, entrará en el Reino de Elohim (Mateo 22:2-14; 25:1-12).

YHWH como nuestro Creador puede ofrecer la vida eterna a todo aquel que Él quiera, y por lo tanto ningún ser humano tiene derecho a decidir quién va o no va a terminar en el Cielo. Mientras tanto, los creyentes deben unirse para mostrar no sólo a nuestros hermanos judíos, sino al mundo entero lo que Y´shua dijo **que nadie** viene al Padre sino por Él:

Juan 14:*6. Y´shua le dijo: Yo soy el Camino, la Verdad y la Vida. Ningún hombre viene al Padre excepto por mí.*

El Apóstol Pablo resolvió el asunto hace mucho tiempo cuando dijo:

Romanos 1:*16. Porque no me avergüenzo de las buenas nuevas, pues es el poder de Elohim a la vida, a todos los que creen en él; si los primeros son de los Judíos, o si son de los Gentiles.*

Y´shua mismo le dijo a sus discípulos que difundieran las Buenas Nuevas:

Mateo 28:*19. Idi pues y haced discípulos a todas las naciones, y sumérgelas en el nombre del Padre, y del Hijo, y del Ruaj Acodes (Espíritu Santo). 20. Y enseñarles a guardar todo lo que yo os he*

mandado. *Y he aquí que yo estoy con vosotros todos los días hasta el fin del mundo. Amen.*

La conclusión es, si quiere ser un buen administrador de la Palabra de Dios y testificar a un mundo perdido incluyendo a sus hermanos judíos, ¡olvídese de lo que su Pastor ha estado enseñando y vea por usted mismo lo que dice la Biblia! Esperemos que, ahora usted pueda ver por qué…

El profeta Miqueas preguntó: *"¿Con qué me presentaré delante de YHWH e inclinarme ante Elohim de lo alto?"* (Miqueas 6:6)

Si usted es uno de los pocos que realmente ha captado el concepto de la Torá en su viaje a través de este libro, entonces la respuesta a esta pregunta es clara: "¡Mi obediencia total a YHWH y Su Torá! ¡No hay más excusas, no más deseos de seguir la ideología de hombres o de la teología, y no más paganismo!"

Salmos 119: *33. Enséñame, OH YHWH, el camino de Tus estatutos, y lo voy a guardar para sí mismo. 34. Dame discernimiento y voy a vigilar y mantener Su Torá-instrucción y conservarla con todo mi corazón.*

Por triste que pueda parecer, a causa de su negativa a aceptar la Torá, los pastores Cristianos han renunciado a ser santos y "apartados" para YHWH, ya que esto requiere seguir los pasos del Mashíaj, que con su ejemplo nos mostró cómo hacerlo.

Para la mayoría de los Cristianos ser "santo" significa estar integrado en una iglesia donde se requiere la creencia en su teología particular (en la mayoría de las iglesias no puede convertirse en miembro a menos que firme un acuerdo adhiriendose a la teología) y participar en cualquier actividad que la iglesia esté haciendo para "ganar almas" y ayudarla a crecer en proporciones enormes al perpetuar la doctrina de "hacerle cosquillas al oído". ¿Es esto lo que realmente quiere ofrecerle a YHWH el Día del Juicio - y decirle: "Señor, he hecho todo esto para usted"? ¿O más bien poder estar de pie delante de Él y proclamar: "Abba Padre, yo lo hice a tu manera!"?

*Mateo 7:21. No será que cualquiera que me dice: "Mi señor, mi señor." Entrará en el Reino del Cielo, sino **el que hace la voluntad de mi Padre que está en el cielo.** 22. Muchos me dirán en aquel día: "Mi señor, mi señor. Por tu nombre, ¿no profetizamos? ¿Y por tu nombre hemos expulsado demonios? ¿Y por tu nombre hemos hecho muchos milagros? "23. Y entonces les profesan a los que desde la eternidad, yo no te he conocido. ¡Apartaos de mí, obradores de iniquidad!*

Una palabra de advertencia: SI, usted es uno de los pocos que ha comprendido plenamente el concepto de la Torá, y si como resultado de ello, usted decide ser observante de la Torá, debe estar preparado para las persecuciones de los que no pueden o no quieren ver. Ha sido mi experiencia que la mayoría de los Cristianos luchan a muerte contra ti por la idea de "la ley". Una vez que la persecución venga, todo lo que podemos hacer es aferrarnos a la Palabra y preguntanos: «¿A quién voy a seguir - a Dios o al hombre y al becerro de oro?" En estos tiempos difíciles, será imprescindible recordar las palabras de Y´shua, quien dijo:

Mateo 10:21. Y el hermano entregará a su hermano a la muerte, y el padre al hijo. Y los hijos se levantarán contra sus padres y los matará.

142

22. *Y seréis odiados por todos los hombres a causa de mi nombre, pero quienquiera persevere hasta al final, él vivirá.*

Mateo 10:34. *No penséis que he venido a traer la calma en la tierra. No he venido a traer la calma, sino una espada. 35. Porque he venido para dividir a un hombre de su padre, y una niña de su madre. Y una nuera de su suegra. 36. Y los enemigos de un hombre que será su propio hogar.*

Mateo 10:37. *El que ama a padre o madre más que a mí, no es digno de mí. Y el que ama a hijo o hija más que a mí, no es digno de mí. 38. Y cualquiera que no toma su bastón y vienen y me sigue no es digno de mí. 39. El que encuentre su alma, la perderá, pero quien pierda su alma por mi causa, la encontrará.*

Algunas reflexiones finales:

Zacarías 13:4. *Y sucederá que en aquel tiempo, cada uno de los profetas será avergonzado de su visión cuando profetiza y no va a poner un manto de pelo para engañar a la gente. 5. En su lugar, va a decir, yo no soy profeta, sino meramente un labrador de la tierra ya que un hombre me había vendido como esclavo cuando era un muchacho joven. 6. Entonces si alguien le pregunta: Entonces, ¿qué son estos cortes profundos entre los hombros? Él responderá, tengo aquellos cuando fui herido en casa de mis amigos. 7. Despertad O espada, contra mi pastor y contra el hombre y contra mi compañero cercano, dice YHWH Tsavaot! Hiere al pastor, y las ovejas se dispersarán, y haré volver Mi mano contra los jóvenes pequeños. 8. Con el tiempo, toda esa tierra, dice YHWH, dos tercios de las personas que viven allí morirá, pero el último tercio permanecerá. 9. La parte tercera que los fundiré de la misma manera como la plata y sus pruebas será el mismo que las pruebas de oro. El invocará Mi Nombre, y yo le responderé diciendo: Este es Mi pueblo, y dirán: YHWH es Mi Elohim.*

¡Tenga en cuenta que dos partes serán borradas y luego la tercera parte pasará por el fuego refinador! ¿Está **usted** listo? ¿O va a seguir adorando a YHWH de acuerdo con las maneras del hombre? Mashíaj **Y'shua trajo un gobierno, no una religión**, y muchos se darán cuenta en estos últimos días que su gobierno pondrá a prueba, sacudirá todo lo que no es de YHWH. ¡Mi oración por todos ustedes es que se desmonten todas las ideas creadas por el hombre y comiencen a seguir a Aquel que los ha creado!

Romanos 7:7. ¿Qué diremos entonces? ¿Es la Torá pecado? ¡De ninguna manera! Porque yo no había aprendido el pecado sino por medio de la Torá: porque tampoco conociera la codicia, no había Torá dijo: No codiciarás: 8. Y por este mandamiento, el pecado ha encontrado ocasión y perfeccionado en mí toda concupiscencia: porque sin la Torá, el pecado estaba muerto.

Romanos 7:12. Como resultado, la Torá es separado (Puesto-Aparte) (santo), y el mandamiento es separado (Puesto-Aparte), y justo y bueno.

La siguiente es una cita de Baruch ben Daniel tomada de la página web "Mashiyach" en un artículo titulado, "El Santuario o la Iglesia":

> El hecho es que los Pastores Cristianos NO tienen temor de YHWH; ellos han sido entrenados de acuerdo a una jerarquía pagana para temer al hombre, para ascender por la escalera de la Cristo-política. El Seminario les dio "credenciales" y una "mejor doctrina" que las de otras denominaciones, por lo que con el respaldo de algún "reformador" o de la institución, ¿quién necesita al verdadero

Mashíaj? Mientras las personas siguan regresando cada Domingo, el Pastor siente que lo está haciendo bien.

Los Cristianos que realmente leen la Biblia y son honestos con ellos mismos, ya saben que la Iglesia está al otro lado de un gran abismo. Es casi imposible de salvar el abismo entre el Reino de Elohim y las falsas tradiciones religiosas porque la Iglesia está tan profundamente arraigada en un sistema de valores pagano, la cultura y el gobierno que violan la Torá.

... Uno de los dichos más famosos de los Pastores es, "no es para hoy", o "Sí, me encanta disfrutar de Shabbat" o "Sí, las Festividades son increíbles", pero sin embargo, ponen sus árboles para Tammuz, y pintan los huevos para Ishtar, porque la gente se va a ir de sus Iglesias, si no se les da esa antigua religión cristiana. La gran mayoría son Pastores cobardes, son mercenarios que llevan un sistema religioso apóstata caído que asola la tierra...

¿Por qué alguien querría poner su confianza en otro que no sea el Mashíaj? Que tonto juego el de la gente que mira a su Rabino o Pastor o Gurú como un héroe de verdad. YHWH nos advirtió a través de Juan de "salir de ella pueblo mío", ¡y Él no estaba hablando de las salas de bingo! Es muy claro el testimonio de Y´shua: "Bendecidos los que guardan sus Mandamientos, para que tengan derecho al árbol de la vida, y para entrar por las puertas en la ciudad. Mas afuera se quedarán los perros, los hechiceros, los fornicarios, los hechiceros, los asesinos, los idólatras, y todo aquel que ama y hace mentira."

Oro para que las palabras de este libro lo hayan llevado a repensar lo que se les ha enseñado en sus iglesias. Aunque ya lo usé en un capítulo anterior, quiero concluir con estos pensamientos de Andrew Gabriel Roth, que resumen muy bien la idea detrás de "¿Deben los cristianos ser observantes de la Torá?"... Específicamente respondiendo a la pregunta que estaba clavado en la cruz:

"Por eso, cuando somos culpables de pecado, YHWH es un testigo de la culpa, y el registro que es engendrado de ese pecado es otro. Sin embargo, con la reconciliación de Y'shua en la cruz, muriendo en nuestro lugar, que segundo testigo/de registro en contra de nosotros se borra, y la Torá permanece para guiarnos en el camino de la justicia para el resto de nuestra vida redimida."

Epílogo

Una rápida revisión de lo que ha aprendido...

Muchos (si no la mayoría) de los Cristianos insisten: "Dios es amor y eso es todo lo que necesitamos saber. Él envió a Su Hijo a morir por nosotros, y Jesús nos protegerá, porque sus leyes están escritas en nuestros corazones, y nada más importa". Así que esta es una situación hipotética:

Un padre enseña a su hijo a no cruzar la calle a menos que mire en ambas direcciones para asegurarse de que no vienen carros, lo hizo porque él AMA al niño. El niño, creyendo que el amor del Padre es que todo lo necesita, no se molesta en obedecer lo que el padre le **dijo** porque, bueno, "Papá es AMOR, y él no permitiría que algo malo me sucediera!" Así que, el niño sólo sigue adelante y cruza la calle sin mirar - y, en consecuencia, es arrollado por un camión.

Entonces, ¿cómo el **amor** del padre salva a ese niño? ¡El amor sólo puede conducirlo hasta que comienza la responsabilidad! Hay ciertas reglas que el niño debería haber obedecido a fin de complacer a su padre y seguir viviendo con y para el padre. Amar a Dios incluye obedecer sus Mandamientos, ¡porque ellos son nuestro **único** modelo para la vida moral, para la santidad!

Si desea insistir en que la Torá ha sido abolida, junto con "todas esas cosas del Antiguo Testamento", que también se han suprimido los Diez Mandamientos, porque ellos también son del "Antiguo Testamento." (¡Pregunte a su Pastor por qué cree que el mandamiento de dar el diezmo sigue siendo válido, ya que el diezmo fue ordenado en el "Antiguo Testamento"!)

¡Y´shua mismo condujo su vida en obediencia y cumplimiento de las divinas instrucciones de Su Padre, los Mandamientos! Era completamente observante de la Torá, como todos sus apóstoles y discípulos a lo largo del primer siglo entero... Entonces ¿qué hace pensar a los Cristianos que no tienen que hacerlo?

¿Por qué la mayoría de los cristianos nunca se preguntan exactamente **cómo** la muerte de Y´shua supuestamente anula las instrucciones divinas de Su Padre para la Justicia? ¿Por qué nunca se preguntan **cómo y por qué** las instrucciones divinas YHWH llegaron a ser una "maldición"? ¿Por qué no se preguntan por qué los apóstoles se molestaron en enseñar la Torá a todos, si se suponía que debía ser abolida después de la muerte del Mesías:

1 Juan 2:3. Y por esto vamos a ser sensatos que nosotros le conocemos, si guardamos sus Mandamientos. 4. Porque el que dice Yo le conozco, y no guarda sus Mandamientos es un mentiroso y la verdad no está en él. 5. Pero el que guarda su Palabra, en éste es el Amor de Elohim realmente completa: por esto sabemos que estamos en

148

Él. 6. El que dice que yo estoy en él, está obligado a caminar de acuerdo a su Halacha (Halajá) (ley religiosa).

Lo anterior, en sí mismo, revela que debe haber más de Dios y la Biblia que sólo "creer en Jesús", y es tiempo de manera más allá de que la humanidad comience a darse cuenta de esto. Estamos en los tiempos finales como se describe en los libros de Daniel y Apocalipsis, y no va a pasar para el regreso de Y´shua. Aquellos que han optado por ignorar la Torá de YHWH no están adorando al Dios de Abraham, de Isaac, y de Jacob, y se sorprenderán al descubrir que serán "Dejados Atrás" en ese fatídico día en que "el rapto"pase, porque - si saben o no - eran culpables de ser "tibios".

Muchos de nuestros hermanos cristianos ya se han dado cuenta de esto y han optado por dejar la "leche" de la iglesia para lograr una verdadera relación con su Creador porque finalmente han entendido que Y´shua dijo que Él NO vino a abolir o negar Mandamientos de su Padre:

Mateo 5:17. No piensen que he venido a aflojar la Torá o los profetas, no he venido a aflojar sino para cumplir. 18. Porque de cierto os digo que hasta que pasen el cielo y la tierra, ni una letra (Yodh) ni una trazo se pasará de la Torah hasta que todo pase. 19. Todos los que aflojar, por lo tanto, de una (de) estos mandamientos muy pequeños y así enseñe a los hijos de los hombres, será llamado pequeño en el Reino de los Cielos, pero a todos los que hacen y enseñan este será llamado grande en el Reino de los Cielos. 20. Porque os digo que si vuestra justicia no fuere mayor más que la de los escribas y fariseos, no entraréis en el Reino de los Cielos.

¿Ha ocurrido TODO lo que debe ocurrir? ¿Han desaparecido el cielo y la tierra? ¿Desde cuándo el verbo "*completar*" (o "*cumplir*") significa "abolir"? ¿Por qué Dios aboliría sus propias divinas instrucciones para la justicia que Él dijo que son para siempre? ¿Jesús vino a hacer un mentiroso de su Padre?

Sin preocuparse, las principales corrientes del Cristianismo insisten en que "Jesús" predicó el Evangelio - las Buenas Nuevas sobre su muerte, sepultura y resurrección, que eso es todo, y tienden a centrarse en el Mesías. ¡Pero las Escrituras, leídas en contexto, revelan que Él **no** predicó esas cosas, más bien, que Él predicó el Reino de YHWH!

Lucas 4:43. Y Yeshua les dijo eso, es necesario que Yo predique a otras ciudades del Reino de Elohim, porque para esto he sido enviado.

Hechos 24:14. Pero en realidad yo (Pablo) reconozco, que en esa misma doctrina de la que hablan, lo hago servir al Dios de mis padres, creyendo todas las cosas escritas en la Torá y en los profetas.

Hechos 28:23. Y señalaron a él (Pablo) al día, y muchos ensamblados, y vinieron a él en su alojamiento. Y él les explicó respetando el Reino de Elohim, testificando y persuadiéndoles acerca de Y'shua, de la Torá de Moshé (Moisés) y de los profetas, desde la mañana hasta la noche.

Si bien la muerte, sepultura y resurrección de Y'shua son una parte importante de las Buenas Nuevas, ¡no es toda la historia! Dios no está sólo en el negocio de "salvar" a la gente, como Creador y dador de la Torá, ¡su negocio es el de enseñarnos a cómo ser buenos súbditos en su reino por venir! Si "Jesús abolió la Torá en la cruz", entonces ¿por qué **cada** creyente era completamente observante de la Torá durante unos cien años después de la muerte de Y'shua, incluyendo al Apóstol Pablo, que fue "atrapado" observando la Torá 29 años después de la muerte de Y´shua (Hechos 21:23-24)? ¿Fue Pablo un hipócrita, dice una cosa y hace otra, o fueron sus enseñanzas, tal vez, sólo un poquito mal entendidas?

Pero en Romanos 10:4 nos dice que Cristo es "¡el fín de la Ley!"

No, no lo es. ¡Esto es solo otra mala traducción del Griego! Lo siguiente fue tomado del ápendice del Nuevo Testamento Árameo Inglés de Andrew Gabriel Roth:

Aquí es una frase importante y muy hermosa que es igualmente evidente en ambos Árameo y en Griego:

"Mashiyach (Cristo) es el fin (Griego telos) de la Torá, por lo que puede haber justicia a todo aquel que cree." Romanos 10:4 NIV

Mientras *telos* puede significar "fin", es muy irresponsable hacer así debido a la flexibilidad de ese término en la lengua receptora. En Español, "fin" tiene dos significados. El primero es "terminación", el cual es el de mayor uso en Español. Sin embargo, contamos también con frases como "el fin no justifica los medios". En este caso, el significado menos utilizado es el de "objetivo" que se aplica en Griego y en Español.

Rav Shaúl se refiere claramente a la Torá como "perfecta, justa y buena" (Romanos 7: 12), por lo que es muy tonto pensar entonces que cambia de opinión para enseñar la "terminación" de la Torá. En lugar de eso, y como Rav Shaúl claramente enseña en Gálatas

3, la Torá es el tutor que instruye y lleva a las personas al Mashíaj. Entonces, cuando una persona entiende y acepta el hecho de que Y'shua es el Mashíaj, Él (Mashíaj) se convierte en objetivo de la Torá. Este es también uno de los muchos significados detrás de la observación críptica en Yohanan 1, llamar a Y'shua "la Palabra (Torá) hecha carne". En extremo contraste, ¡la traducción de la NVI de Romanos 10: 4 es exactamente lo contrario de lo que se entiende los textos originales! La NVI suena como si Rav Shaúl es el conductor de tren que anuncia la última parada: "¡fin de la Tora! ¡Todo el mundo a bajarse!"

Además, en ciertos pasajes claves del Pacto Renovado, *telos* sólo puede significar "objetivo":

*"Pero ahora que habéis sido libertados del pecado y hechos siervos de Elohim, tenéis por vuestro fruto la santificación, y el objetivo (telos) es la vida eterna."*Romanos 6:22

"El objetivo (telos) de este mandamiento es el amor, que viene de un corazón puro y una buena conciencia y una fe sincera". 1 Timoteo 1:5

"La obtención como el objetivo (telos) de su fe, la salvación de vuestras almas." 1 Pedro 1:9

En Árameo encontramos que estos mismos versos tienen la misma lectura como "objetivo" que la palabra *saka*. Al igual que *telos*, el contexto proporciona la clave para obtener el significado. Porque Rav Shaul continuamente defiende la Torá en todos los sentidos (Romanos 3: 31), entonces "objetivo" también es muy coherente con el resto de su enseñanza.

Aquí está el detalle: El "Antiguo Testamento" es la Palabra de YHWH; el "Nuevo Testamento" es *acerca* de la Palabra de YHWH. Uno puede ser "salvo" por creer en el Mesías (el "brazo de YHWH" – Isaías 53), pero uno no puede entender a Dios hasta que uno esté firmemente enraizado en la Torá.

Isaías 53:1. ¿Quién ha creído a nuestro anuncio ya quién tiene el brazo de YHWH ha revelado?

Aparentemente olvidando que "Jesús" era el **Hijo**, enviado por YHWH, el Cristianismo ha empujado a nuestro Creador al fondo e ha insistido en que Jesús de alguna manera ha usurpado todo el poder de Dios y "clavado en la cruz" toda SU Torá (1 Corintios 11: 3). No sólo eso, sino que le cambió el nombre al Mesías, junto con las fechas de su nacimiento, muerte y resurrección, y eliminó todos los rastros de su condición de Judío. De hecho, cuando vemos a Jesús colgado en alguna cruz, que es a menudo representado como un Adonis rubio de ojos azules, en lugar del hombre judío sencillo que fue:

Isaías 53:2. ...Porque él creció en Su presencia como una planta joven tierno y como raíz de tierra seca. Él no tiene forma o gran esplendor que debemos mirar sobre Él o hermosura que debemos encontrarle atractivo. 3. Fue odiado y rechazado por los hombres, varón de dolores y familiarizado con la enfermedad. Y como uno de quien los hombres esconden su rostro era odiado por completo y ni siquiera pensar en él.

Por favor lea lo siguiente con mucho cuidado:

Y´shua (su nombre Hebreo que significa "YHWH es salvación", mientras que "Jesús" no significa nada en particular), era un Judío observante de la Torá que guardaba todas las festividadess bíblicas y el Shabbat (Sábado). Contrariamente a la creencia popular, no nació el 25 de diciembre, nació el primer día de Sucot (Fiesta de los Tabernáculos), que siempre cae entre Septiembre/Octubre de nuestro calendario gregor-iano. La fecha exacta de su muerte, según la Biblia, fue el 14 de Nisán (Pascua) y resucitó tres días más tarde en la noche del Sábado, No el Domingo. (Y aun cuando Él hubiera resucitado un Domingo por la mañana, ¿qué tenía eso que ver con, y cómo el cambió del séptimo día de YHWH?)

Además del Shabbat (Sábado), Dios nos dio siete festividades que Él dijo que los creyentes debían guardar para siempre, y Y´shua hasta ahora sólo ha cumplido las cuatro primeras, pero los Cristianos en general han optado por hacer caso omiso de ellas, y en su lugar celebran "días de fiesta" hechas por el hombre como la Navidad y la Semana Santa - las cuales ambas están sumidos en el paganismo, algo de lo que el hombre fue advirtió con creces, una y otra vez. Ejemplo:

Jeremías 10:1. ¡Oíd la palabra que YHWH se dirige a vosotros, o casa de Israel! 2. YHWH dice esto: No aprendáis el camino de las naciones y no tiemblan de miedo ante los señales en los cielos que las naciones tiemblan ante. 3. ¡Porque los costumbres de los pueblos son como un de vapor de nada que pasa! Es sólo el artificio de un artesano que corta un árbol en el bosque con un hacha. 4. Entonces, se adorna con plata y oro, y lo fija con martillo y clavos para que no se mueva. 5. Son como un espantapájaros en un parche del pepino. ¡Ellos no pueden hablar! ¡Y deben ser llevados, porque no pueden andar! No les tengas miedo, porque pueden hacer ni buena ni mala.

Ezequiel 8:13. *Y Él me dijo: Da la vuelta otra vez y verás las grandes abominaciones que ellos practican. 14. Luego me llevó a la entrada de la puerta norte de la Casa (templo) de YHWH y allí mismo, delante me había mujeres llorando a Tamuz! 15. Entonces Él me dijo: ¿Has visto, hijo de hombre (hombre mortal)? Vuelva atrás y verán abominaciones mayores que éstas. 16. ¡Luego me llevó al atrio interior de Casa de YHWH - y he aquí que-en la puerta del Templo de YHWH, entre el pórtico y el altar, había unos veinticinco hombres de espaldas al templo de YHWH y con su los rostros se volvieron hacia el este, ya que adoraban al sol por el Este! 17. Me preguntó, ¿has visto a este hijo de hombre? ¿Es un asunto casual, que la casa de Judá la práctica de las abominaciones que hacen aquí y rellena el suelo con violencia y me enfureció aún más? ¡Mirad! ¡Incluso se aplican el ramo a la nariz! 18. Por lo tanto, voy a actuar con furia, mi ojo no perdonan a nadie y no tendré compasión. Incluso si lloran en voz alta en mi oído me negaré a escucharlos.*

Si bien estas escrituras no se refieren a "los árboles de Navidad" o "Domingo de Pascua" de por sí, son una clara advertencia de que se mantenga alejado de las costumbres como estas. Tenemos que recordar que YAHWEH (Yahvé) usa para poner a las personas a muerte por desobediencia... en esencia por adorarlo con "fuego extraño":

Levítico 10:1. *Pero Nadav (Nadab) y Avihu (Abiú), hijos de Aarón, tomaron cada uno su incensario, y después de poner fuego en el también colocó dentro de él incienso y ofrecieron fuego extraño delante de YHWH, que YHWH no había mandado a hacer. 2. Entonces salió fuego de la presencia de YHWH y los consumió, y murieron delante de YHWH.*

Muchos protestan que la Torá es "sólo para los Judíos", pero por favor, piense en esto: ¿Dónde dijo Dios que iba a tratar a sus hijos adoptados de forma diferente a sus hijos naturales? ¡La Torá es sólo nuestro manual para tener una vida moral, santa y piadosa! La **única** cosa que Yshua "clavó en la cruz" fue el requisito de matar a un animal inocente para expiar nuestros pecados, ¡y eso de ninguna manera niega la necesidad de la Torá!

Por favor, piensa en esto también: antes, cuando YHWH creó el mundo y santificó al Séptimo Día (Génesis 2:2-3), Él no estaba hablando sólo a "los Judíos" ¡porque no había Judíos en aquel entonces! (De hecho, "Judíos" se utilizó como un término general para Israel después de que Jacob engendró a Judá, y de éste surgiera la tribu de Judá.)Adán y Eva, a quienes YHWH les había dado sus primeras reglas no eran Judíos, y no lo eran ni Caín ni Abel, quienes ofrecieron los sacrificios por el primer pecado. Y Noé, que tampoco era Judío, sabía la diferencia entre los animales "puros e impuros"....

Como se puede ver a continuación, el mismo YHWH dijo que cualquiera que quiera seguir al Dios de Abraham, Isaac y Jacob tiene que ser observante de la Torá

*Números 15:13. **Todos los que han nacido nativo** hará estas cosas por este método, mediante la presentación de una ofrenda encendida como aroma agradable a YHWH. 14. En cuanto al resto en la asamblea, habrá un estatuto para que usted y **el mismo estatuto para el extranjero que viven con usted.** 15. Este es **un requisito eterno a través de todas sus generaciones, que a medida que son así será el extranjero delante de YHWH.** 16. **La misma instrucción y el juicio se aplican por igual a ambos, usted y los extranjero que vivan con usted.***

Por favor, vuelva a leer lo anterior en caso de que no: Cualquier no-Judío/Israelita/Hebreo sin Torá que todavía no cree en el Dios de Abraham, Isaac y Jacob es un "extranjero". Sin embargo, si desean aceptar a YHWH, ¡entonces ellos tendrán que hacer exactamente lo que hacen los que ya le pertenecen a Él!

"Vivir entre ustedes" no necesariamente significa físicamente, sino más bien, se refiere a todos aquellos que han aceptado el Dios de Abraham, Isaac y Jacob. Ellos deben ser observantes de la Torá, al igual que la Casa de Israel y la Casa de Judá, con quien Dios hizo Su Nuevo Pacto (Jeremías 31:31-34), que se reitera y confirma en Romanos 10:

Jeremías 31:31. *¡Mirad! Se acerca el día, dice YHWH, cuando voy a forjar un nuevo pacto con la casa de Israel y la casa de Yehudah (Judá).*

NOTA: La palabra *karet* traducida como "tallar/ esculpir" no es usada generalmente como "hacer/ crear" per se como en Génesis 1:1. Literalmente significa "cortar/quitar", pero en Español, a veces puede conducirnos a un significado opuesto tal como "destruir". Sin embargo, en el contexto de " tallar " tiene más sentido. El primer pacto fue tallado en la roca del Sinaí y se rompió, literalmente, con la adoración del becerro de oro incluso antes de que Moshé descendiera de la montaña. Entonces las nuevas tablas también tuvieron que ser "talladas" para ratificar el pacto nuevamente. Del mismo modo, el profeta aquí está diciendo que Israel y Judá rompieron el pacto una vez más, lo que lleva a que otro sea tallado.

Romanos 10:12. Y en esto, que discrimina ni Judíos ni Gentiles. Porque hay un solo, Maestro YHWH, sobre todos ellos, que es abundantemente generoso con todo el que pide a él. 13. Para todos los que invocan el nombre de Maestro YHWH, tendrá la vida.

Es muy importante entender que YHWH no hizo su nueva alianza con los Gentiles, ¡sino que lo hizo con aquellos que son obedientes a sus instrucciones divinas! El mismo Dios, las mismas reglas tanto para los hijos "naturales" como para los "injertados", a quienes extendió su gracia y misericordia una vez que creen en Y´shua, ¡y por lo tanto se convierten automáticamente en parte de "Israel"!

Y Dios le dijo a Israel: *"Te doy buena instrucción: No abandones a Mi Torá"* (Proverbios 4:2). Pablo reiteró esto cuando dijo: *¿Es, entonces anulamos la Torá por la fe? ¡De ninguna manera! Por el contrario, se establece la Torá.* (Romanos 3:31).

Pablo también escribió en Hechos 21 – habían pasado 29 años después de la muerte de Y´shua:

Hechos 21:25. En cuanto a los de los gentiles que han creído, nosotros hemos escrito, que debe mantenerse del sacrificio (de un ídolo), y del pecado sexual, y de lo estrangulado y de sangre. "26. Entonces Pablo tomó consigo aquellos hombres, al día siguiente, y se purificó con ellos, y se dirigió al templo y él entró, les explicó cómo completar los días de la purificación, hasta la presentación de la oferta por cada uno de ellos.

Este evento muestra claramente a Rav Shaul como un Judío observante de la Torá; sin embargo, la mayoría de los líderes Cristianos tuercen a Pablo y lo convierten en un hombre complaciente - como si pensara que su oferta complacería sólo a los Judíos, como una especie de político en campaña. No hay conflicto entre la expiación por la sangre de Y´shua y la entrega de ofrendas en el Templo. Pablo sigue los pasos de Y'shua, del rey David, y todo el Israel de Elohim cuando declara: *"Me regocijo en la Torá de Elohim, en el hombre interior"* (Romanos 7:22).

Pablo escribió:

Romanos *7:7. ¿Qué diremos entonces? ¿Es la Torá pecado? ¡De ninguna manera! Porque yo no había aprendido el pecado sino por medio de la Torá: porque tampoco conociera la codicia, no había Torá dijo: No codiciarás: 8. Y por este pecado mandamiento encontró ocasión y se perfecciona en mí toda concupiscencia: porque sin la Torá, el pecado estaba muerto.*

Romanos *7:12. Como resultado, la Torá Es Aparte, y el Mandamiento Es Aparte, y justo y bueno.*

Pablo también dijo que la Torá de YHWH es espiritual (Romanos 7:14) – y la cual por ser espiritual es eterna.

2 Corintios *4:18. Si bien no mirar estas cosas que se ven, sino en las que no se ven; porque estas cosas que se ven son temporales, pero las que no se ven son eternas.*

Así que, la pregunta una vez más es: ¿Por qué la muerte de Y´shua habría abolido la Torá? Aquellos que enseñan en contra de la Torá, que tanto Y´shua y Pablo confirmaron, son falsos predicadores y falsos profetas, nada más y nada menos. Pablo escribió:

2 Corintios *11:13. Porque ellos son falsos apóstoles, obreros astutos, y fingen apóstoles de la Mashiyach (Mesías). 14. Y en esto no tiene nada de extraño. Por si Satanás se hace pasar por un mensajero de luz, 15. No es gran cosa si sus ministros fingir ser ministros de justicia, cuyo fin será conforme a sus obras.*

Y el profeta Miqueas dijo:

***Miqueas 6:**8. Él le ha dicho directamente El Hombre en O lo que es bueno, y lo que exige YHWH de ustedes, excepto para hacer justicia, el amor y la gracia de caminar humildemente con tu Elohim?*

¿Cómo caminarías en pureza con Dios a menos que usted esté **obedeciéndolo?**

El profeta Isaías trató de advertirnos sobre la obstinación del hombre, de la arrogancia y la tendencia a seguir sus propias reglas:

***Isaías 29:**9. ¡Ser lentos en pensamiento y permanecen paralizados en la mente! Actuar ciegos y permanecen ciegos. Está intoxicado, pero no de bebida fuerte. 10. La razón [para su parálisis] se debe a que YHWH ha derramado sobre ustedes un espíritu de sueño profundo. Él ha cerrado los ojos (que eran) los profetas y los cubiertos que la cabeza (que era) de los videntes. 11. Y toda la visión será para ustedes como las palabras en un libro sellado, que cuando se lo dan a uno que tiene conocimiento [de leer] y dice: "Por favor, lea esto", él responde: "No puedo porque está sellado". 12. Si el desplácese se le da a uno que no sabe leer, junto con la solicitud, "Por favor, lea esto", dice, "No sé leer". 13. Entonces YHWH dijo: "Porque este pueblo se acerca a Mí con sus palabras y me honra con su servicio de labios, pero su corazón lejos está de Mí, y su veneración hacia Mí se ha convertido en un hecho por el hombre, y una tradición aprendida, 14. ¡Por lo tanto, he aquí! ¡Voy a tratar una vez más con esta gente en absolutamente chocante maneras, chocante allá de la creencia! Porque la sabiduría de los sabios perecerá. Y la comprensión de los que tienen discernimiento será cubierto en la oscuridad. 15. ¡Ay de los que entierran en el fondo para ocultar su consejo de YHWH y cuyas obras se realizan en un lugar oscuro y luego decir: "¿Quién nos ve?" Y "¿Quién nos conoce?" 16. ¡Cómo se pervierten y cambiar las cosas al revés! ¿El alfarero se considera la misma como la arcilla que forma?*

En caso de que se crea decir a su Creador, "¿No me moldeó"? ¿O lo que se hace decir a su Hacedor: "Él es un ignorante"?

Para agradar de verdad a YHWH, primero tenemos que llegar a conocerlo, y conocerlo incluye el estudio y la obediencia a las reglas que Él estableció. ¡Nunca nos dio la libertad de acción para ignorar esas reglas! Sí, Él nos dio el libre albedrío, pero los que eligen aceptarlo como su Dios están obligados por sus reglas. Amar a Dios requiere mucho más que "creer en Jesús."

¿Deberían los Cristianos Ser Observantes de la Torá?

Apéndice 1

Las Festividades Bíblicas y su significado eterno

*Isaías 66:22. Porque así como los cielos nuevos y la tierra nueva que yo estoy haciendo permanecerán delante de Mi rostro, también lo hará tu descendencia y vuestro nombre perdurará. 23. Desde Nueva Luna (mes) para Luna Nueva y de Shabbat (Sábado) a Shabbat (Sábado), **toda la humanidad** vendrá a postrarse delante de Mí, dice YHWH.*

El hecho de que toda la humanidad un día rendida adoración a **YHWH** de acuerdo a su calendario también nos dice que las festividades bíblicas/tiempos señalados no son sólo para los Judíos, sino para todos los que adoran al Dios de Abraham, Isaac y Jacob.

Los *mo'edim* de YHWH, las festividades bíblicas - los tiempos "fijados" o "designados" enumerados y descritos en Levítico 23, fueron instituidos por YHWH mismo para que Israel apartarán esos tiempos para reunirse y adorar al Santísimo. Cada festividad anuncia a Y´shua (quien hasta ahora ha cumplido las primeros cuatro de los siete) y juegan un papel importante en la profecía.

163

Como se verá en las páginas siguientes, se describirán brevemente la festividades, las cuales se producen en distintos momentos en nuestro calendario gregoriano, porque el calendario del hombre es diferente del calendario de YHWH.

Pascua/Pesaj (Nisán 14) siempre cae entre Marzo/ Abril en el calendario gregoriano: Levítico 23:5 nos dice: *En el primer mes, el día catorce de ese mes en el crepúsculo, es Pesaj (Pascua) de YHWH.*

Esta fiesta celebra la liberación de los esclavos hebreos de Egipto. Es una historia de redención a través de la muerte del Cordero de la Pascua, cuya sangre había de aplicarse a los postes de las casas - un acto que salvaría al primogénito de la Décimo Maldición contra el Faraón. YHWH prometió que el Ángel de la Muerte "pasaría por alto" las casas con la sangre en los postes, y evitaría a los primogénitos (Éxodo 12:1-13). Esto presagió a Y´shua, el "Cordero Pascual" de YHWH que cumplió la Pascua, cuando fue crucificado y voluntariamente permitió que su sangre fuera derramada en nuestro nombre para convertirse en nuestra redención. En otras palabras, el inocente murió por los culpables, y el sacrificio no sólo significa la muerte, sino también la vida (Isaías 53).

Y´shua tomó nuestra amargura para que podamos ser capaces de vivir una vida abundante. Durante la celebración de la Pascua, recordamos y nos identificamos con la amargura de la esclavitud al comer hierbas amargas y matzá (pan ácimo).

¿Cómo celebrar la Pascua? Antes de que comience la Pascua (el 14 de Nisán), hay que limpiar todos los elementos que contengan levadura de nuestras casas, porque la levadura representa el "pecado". No haga trampas y no ponga los elementos con levadura en el garaje o granero, ¡pues el propósito de este ejercicio es obedecer el mandato de sacar "el pecado" de nuestras vidas! Si usted pone sus artículos con levadura en el garaje, está, en esencia, aferrándose a su pecado...

La Fiesta de la Pascua (14 de Nisán) abarca un total de 8 días, incluyendo la Fiesta de los Panes sin Levadura (el cual es un verdadero Shabbat/Día de Descanso), que comienza al atardecer del 14 de Nisán (es el segundo día de Pesaj). En el primer día de la Pascua, 14 de Nisán, se preparan la comida para comer esa noche (lo que da inicio a la Fiesta de los Panes sin Levadura). Tenga en cuenta que Y´shua, el Cordero Pascual, que era sin pecado, murió a las 3:00 pm del 14 de Nisan. Debia ser bajado de la cruz antes del atardecer - a causa de la Día de Shabbat/Descanso de los Panes sin Levadura, que iba a comenzar al atardecer....el 15 de Nisán y el séptimo día de la Pascua son días de descanso, por lo que tenemos dos Shabbats durante la Pascua.

Éxodo 12:1-13 nos dice acerca de la primera Pascua en la que los israelitas en Egipto se les dijo que trajeran un cordero en sus casas el día 10 y elevarla hasta el día 14 en la que tenian que sacrificarlo y comercelo - cerca del atardecer el 14 (cuando se convierte en el 15). ¡Y´shua en última instancia era EL CORDERO DE PASCUA! ¡Aleluya! Esto no significa que Él abolió la necesidad de celebrar la Pascua, sino que simplemente quería decir que cumplió con una de las festividades que el pueblo de YHWH celebran cada año.

¡TENGA EN CUENTA las próximas dos festividades caen, durante la Fiesta de la Pascua!

Panes sin Levadura/Hag HaMatzot (Nisán 15) marca el comienzo de un period de siete días durante el cual comer pan con levadura está prohibido ya que la levadura es un símbolo del pecado (1 Corintios 5:6-8, Mateo 16:11-12, Gálatas 5:7-9). El Mesías Y´shua cumplió esta festividad cuando él fue sepultado y se convirtió en nuestra justicia (Romanos 6:4, 2 Corintios 5:21).

Éxodo 23:14-16 dice:

Éxodo 23:14. Tres veces al año que van a mantener un festín a Mí. 15. Usted podrá observar y celebrar la Fiesta de los Panes Sin Levadura, como Yo te mandé, en el tiempo señalado cuando salisteis de Egipto, en el mes de Abib (Aviv). Ninguno de ustedes se presentará ante Mí con las manos vacías. 16. Además vas a celebrar la fiesta de la cosecha los primeros frutos de su trabajo, lo que ha sembrada en los campos. Por último, la Fiesta de Cosecha en la vuelta del año cuando recojas del campo el trabajo.

El 15 de Nisán al atardecer (que, durante todo el día fue el Shabbat Santo de los Panes sin Levadura) se comenzará a contar el omer. (Esto es a la puesta del Sol 15-16 de Nisán es decir, cuando usted dice: "Este es el primer día del omer...")

Primeros Frutos/Yom HaBikurim (Nisán 16) cae entre marzo/abril: Esta fiesta, celebra la presentación de las primicias de la cosecha de invierno en el Templo (¡lo que indica que habrá más por venir!) es un símbolo de Y´shua como la primicia (1 Corintios 15:23). Su resurrección fue una "ofrenda", presentado a YHWH como las primicias de la cosecha de almas que aún está por venir.

Fiesta de las Semanas/Shavuot es celebrada entre los meses de Mayo/Junio. Éxodo 34:22 nos dice: *Y guardaréis la Fiesta de las Semanas, es decir, los primeros frutos de la cosecha de trigo y la Fiesta de Cosecha á la vuelta del año.*

Cuenta del Omer hacia Shavuot: (Éxodo 34:22.) La Torá establece la Cuenta del Omer durante siete semanas (que comienza en el segundo día de Pesaj y culmina después de siete semanas (49 días), al día siguiente (día 50) es Shavuot). El conteo de los días y semanas transmite la anticipación y el deseo de la entrega de la Torá. En otras palabras, en la Pascua, los israelitas fueron liberados de sus vidas de la esclavitud en Egipto, y 50 días después en Shavuot aceptaron la Torá de YHWH, lo cual los hizo una nación comprometida a servir a Dios. Esta fiesta fue cumplida por la venida del prometido *Ruaj HaKodesh* (Espíritu Santo) en los discípulos de Y´shua en el Templo. Esto representa el comienzo del cuerpo del Mesías en la Tierra, en la que todos los creyentes, redimidos por la sangre del Mesías, son levantados delante de Adonai y santificados (Hechos 2, Juan 14:15-18, Efesios 2:11-22).

Durante este tiempo, los creyentes leen el libro de Rut, que es la historia de una no-Judia que fue aceptada en la Casa de Israel. Rut fue la abuela del rey David y una antepasado de Y´shua.

Día de las Trumpetas/Yom Terua (Tishri 1) cae entre Septiembre/Octubre: Levítico 23:23-25 dice:

23. Y otra vez YHWH habló a Moshé (Moisés) diciendo: 24. Habla a los hijos de Israel diciendo: En el séptimo mes en el primer día de ese mes en el que van a tener un descanso al estilo de Shabbat (Sábado) que consiste en un recuerdo a través del sonido de las trompetas y un servicio de lectura Puesto-Aparte. 25. No harás ningún trabajo servil para ampliar su dominio, sino que presente a YHWH una ofrenda por el fuego.

Yom Terua, también conocido como Rosh Hashaná, es el Año Nuevo Civil Judío, el aniversario de la creación de Adán y Eva, y sus primeras acciones hacia la realización de papel del hombre en el mundo, del primer pecado que se cometió y cuyo resultado fue el arrepentimiento, es un día en que YHWH hace un balance de toda su creación, que incluye a toda la humanidad.

Durante esta fiesta, el toque de shofar (cuerno de carnero) significa la unión del pueblo de Dios, advirtiéndoles para que se arrepientan durante los siguientes "días de arrepentimiento" (los 10 días entre el Día de las Trompetas y el Día de Expiación).

Según la tradición, durante este tiempo el pueblo judío concentra todos sus esfuerzos en hacer las paces con sus hermanos y pidiendo perdón por las ofensas del pasado. Sin embargo, lo que la mayoría de los Judíos tradicionales todavía no se dan cuenta es que esta fiesta es la próxima a ser cumplida por Jesús, porque cuando suenen las trompetas, los verdaderos creyentes en el Mesías Yeshua serán reunidos/resucitados (I Tesalonicenses 4:13. - 18, I Cor. 15:50-54).

Esta fiesta también señala la llamada al arrepentimiento, porque el tiempo es corto y el juicio que vendrá sobre la

Tierra – ¡sea que la gente esté lista, o no! (Ver el libro de Apocalipsis.)

Día de la Expiación/Yom Kippur (Tishri 10) cae entre Septiembre/Octubre: Levítico 16:29-31 nos dice:

29. Éste será un estatuto perpetuo para ustedes: En el décimo día del séptimo mes que se humilla y afligir vuestras almas y no hacer ningún tipo de ningún trabajo mismo, tanto si son nacidos o un extranjero que reside con usted. 30. Porque es en este día que la expiación se hará para que te limpie, para que todos tus pecados serán limpiados antes de YHWH. 31. Es de un Shabbat (Sábado) supremo de reposo absoluto para usted, que se humilla y afligir sus almas. Se trata de un requisito de que es para todos los tiempos.

Esta fiesta representa la necesidad del sacrificio/ofrenda por el pecado que debe ser hecho por los pecados de la nación. Se nos dice que Y´shua, descenderá para poner fin a los pecados de Isra'el quien, en ese momento clamarán para que regrese el Mesías y llorarán por el "aquél que traspasaron". Este día se cumplirá la palabra sobre la segunda venida del Mesías a la tierra (Mateo 23:37-39, Oseas 5:15 hasta el 6:1-3, Zacarías 12:10, Zacarías 13:8-9, Zacarías 13:1, Ezequiel 16:61-63).

Tabernáculos/Sucot (Tishri 15) cae entre Septiembre/ Octubre.   Lo principal de Sucot es que Yeshua, nuestro Salvador nació durante la fiesta de Sucot (¡no el 25 de Diciembre, lo cual es un mito cristiano!) y circuncidado al octavo día. Porque no había sitio en la posada (Lucas 2:7), Miriam y Yosef (María y José) terminaron en una "sucá" - morada temporal. Celebrada el 15 de Tishri, esta fiesta cae entre Septiembre/Octubre. Es descrita en Deuteronomio 16:13-15, donde YHWH dice a los israelitas: *13. Va a celebrar* *la Fiesta de Sukkot (Tabernáculos) siete días después de haber hecho la cosecha de tu era y el lagar. 14. Y te alegrarás en tu Fiesta - usted y su hijo e hija y siervos masculinos y femeninos, así como el levita y el extranjero, y el huérfano y la viuda en tus ciudades. 15. Siete días a celebrar una fiesta a YHWH tu Elohim en el lugar que Él escoja, para que YHWH tu Elohim te bendiga en todos tus frutos y en toda la obra de tus manos, para que vuestro gozo sea completo.*

Levítico 23:39-43 dice:

39. Y precisamente en el día quince del séptimo mes, cuando se han reunido a todos los cultivos de la tierra, que se celebrará la Fiesta de YHVH (YHWH) por siete días, descansando en el primer y el octavo día. 40 El primer día tomarán frutos de los mejores árboles, ramas de palmera, de árboles frondosos y de los sauces del arroyo, y durante siete días se regocijarán en la presencia del YHWH su Elohim, 41 Y guardaréis la fiesta de YHWH para esos siete días en el año. Se trata de un requisito eterno que lo mantiene en el séptimo mes. 42. Usted vivirá en la sukkah (suca) (cabinas) durante siete días - todos los nacidos en Israel debe vivir en las cabinas 43. Para que vuestras generaciones futuras sepan que yo a los hijos de Israel a vivir en estas cabinas cuando los saqué de la tierra de Egipto. Yo soy YHWH, tu Elohim!

Esta fiesta sirve como un recordatorio de los días en el desierto cuando el pueblo de YHWH se vieron obligados a residir en tiendas de campaña/cabañas o viviendas temporales - un recordatorio de nuestra vida temporal en la Tierra. Será cumplido por la reunión de la "Cosecha Final" de las almas de los justo antes de la creación del Reino del Mesías en la Tierra. Filipenses 2:10-11 nos dice que en ese día Y´shúa reinará desde Jerusalén y "se doblará toda rodilla en el cielo, la tierra y debajo de la tierra - y toda lengua reconocen que Y´shua el Mesías es YHWH - para la gloria de Dios el Padre." ¡Su Reino durará 1.000 años antes de que la eternidad comience en "el cielo nuevo y la tierra nueva" (Apocalipsis 21)!

Filipenses 2:10-11 nos dice que Y´shua reinará desde Jerusalén y que *"toda rodilla debe inclinarse, de (seres) en el cielo y en la tierra y en los abismos, y toda lengua confiese que Y'shua el Mashiyach es YHWH, para gloria de Elohim Su Padre."* Su Reino durará 1.000 años antes de que comience la eternidad en "el nuevo cielo y la nueva tierra" (Apocalípsis 21)!

Si usted todavía no está seguro de que los Cristianos están supuestos a observar estas festividades, por favor lea Levítico 25:6-47.

Cada vez que en la Torá menciona a "extranjeros" o "residente" se refiere a aquellos quienes no nacieron como Judíos o Israelitas pero que han escogido unirse a YHWH y Su pueblo, para ser UN pueblo. ¡YHWH se refiere a si mismo como un residente con Su pueblo!

No sólo todo el plan de salvación se ilustra en la *mo'edim*, sino que por la observación de cada uno de ellas en el tiempo establecido, comenzamos a vivir dentro de los itinerarios de la Palabra de YHWH. Los *mo'edim* son algunas de las formas más poderosas en las que podemos aprender y también enseñar a nuestros hijos sobre la vida y lo que significa…

¿Deberían los Cristianos Ser Observantes de la Torá?

Apéndice 2

Con respecto a la "Trinidad"

La palabra "Trinidad" no se encuentra en ninguna parte de la Escritura. Mientras que en la Biblia en realidad nunca se utiliza el término "Trinidad" de hecho hemos visto a YHWH como Padre, Hijo y Espíritu Santo. Sin embargo, también se ha revelado a sí mismo a través de una zarza ardiente, como columnas de nube y de fuego, como "tres hombres" visitando a Abraham en el encinar de Mambré, y Él habló a través de un burro. Por lo tanto, calificarlo de "Trinidad" es en realidad limitarlo…

El simple hecho de que YHWH se nos haya revelado en aspectos plurales demuestra que es una pluralidad - Sin embargo, esta pluralidad no debe de ninguna manera verse en la forma de una "persona" o "personas" porque, de nuevo, esto es limitar al Creador (más sobre esto más adelante):

Isaías 48:12. ¡Preste atención a Mí, y esté preparados para obedecer Mi, Ya'akov (Jacob) — sí que Israel, a quien he llamado! Yo soy El Que es el Primero, y yo también soy el Último.

173

Isaías 48:16. Acérquense a Mí, y escuchen esto: Desde el principio, yo no he hablado en secreto, desde el momento en que ocurrió yo estaba allí y ahora YHWH Elohim me ha enviado su espíritu.

Además Juan 1 nos dice:

1. En el principio era el Miltha (Verbo/ Palabra), y el Miltha (Verbo/ Palabra) estaba con Elohim. Y Elohim era Miltha. 2. Esto era con Elohim en el principio. 3. Todo lo que existían a través de Sus manos, y sin Él, ni siquiera una cosa existente de las cosas que han existido. 4. En Él estaba la vida, y la vida era la luz de los hombres. 5. Y esa luz brilla en las tinieblas, y las tinieblas no la superó.

También, YHWH constantemente se refiere a Él mismo en forma plural, incluyendo el uso de "NUESTRO" y "NOSOTROS".

Génesis 1:26. Entonces YHWH dijo: "Hagamos al hombre a nuestra imagen, a nuestra semejanza (Nota - Él no dijo, "emejanzas ").

Cuando los Judíos tradicionales recitan el "Shema" ("Oye/Escucha"), dicen: "Oye, Isra'el, el Señor nuestro Dios, el Señor es Uno". La palabra hebrea utilizada para "UNO" en este caso es EJAD que es una forma plural de "uno" (como en una docena de huevos, o un racimo de uvas, o cuando una pareja se casa se convierten en una unidad). De vuelta a los tiempos bíblicos, cada vez que hablaban de un solo elemento singular - como un huevo, o una uva - que utiliza la palabra YAJID.

YHWH se apareció a Abraham en la forma de un hombre - en realidad, como tres hombres (pero no una "trinidad"):

Génesis 18:1. Y YHWH se le apareció junto al encinar de Mamre (Mambré), estando él sentado en la puerta de su tienda en el calor del día. 2. Y alzó sus ojos y miró, y he aquí tres varones que estaban frente a él.

YHWH es un "Ejad", que también se ha revelado a nosotros en la forma de un "Hijo":

Proverbios 30:4. ¿Quién ha subido a los cielos y descendido de ellos otra vez? ¿Quién encerró los vientos en las palmas de sus manos? ¿Quién ha ligado a todas las aguas en su manto? ¿Quién ha puesto todos los límites y fronteras de la tierra? ¿Cuál es su nombre y cuál es el nombre de su hijo? ¡Seguramente usted sabe!

Cada vez que trata de ilustrar a Dios que los ateos o los que tienen problemas con el hecho de que Él se estaba gobernando el universo, mientras que al mismo tiempo caminaba en la Tierra como alguien llamado "Jesús," Yo uso el siguiente ejemplo:

Imagine una lámpara de fibra óptica con miles de pequeñas fibras que emanan la luz. Tenga en cuenta que estas fibras están conectadas a una sola base. YHWH se puede comparar con la Base de la lámpara, que es el poder real o de origen. Las fibras pequeñas, son parte de ese poder, y Y´shua se puede comparar a una de esas fibras. Él era sólo un aspecto de YHWH, eternamente conectado a YHWH, por lo que fue "YHWH en la carne", mientras que caminó sobre la Tierra. Eso no quiere decir que mientras Y´shua caminó sobre la tierra, YHWH no estaba a cargo del universo, Y´shua no es la "base" - ¡lo es YHWH! La "Base" controla todo y todo depende de la Base. El cómo YHWH decide revelarse a nosotros es cosa de Él, pero no lo podemos limitar al insistir en Él es una "trinidad".

Isaías 53:1 nos dice que Y'shua es un "brazo" de YHWH – una extensión de Él mismo – mientras que el resto del capítulo continúa describiendo a Y'shua y Su vida en la tierra....

La siguiente es una porcíon del artículo "YHWH Revelado en el Mashíaj" del autor Baruch ben Daniel:

La naturaleza espiritual de YHWH es difícil de captar a través de nuestra forma de pensar limitada y humana. Parte del problema reside en la personificación de los "espíritus". En el mundo pagano a los "fantasmas" se le dan los nombres de mascotas y personalidades, y esta ideología se ha aplicado al Elohim único y verdadero, pero la verdad es que YHWH es UN Espíritu, no muchos. El Espíritu de YHWH es YHWH, Él no es una "persona", y no se le puede clasificar por números o un ser de dimensiones limitadas.

1 Corintios 3:16. ¿No sabéis que sois templo de Elohim y que el Espíritu de Elohim mora en vosotros? 17. El que se desfigure el templo de Elohim, Elohim desfigurar él: porque el templo de Elohim es Puesto-Aparte, que (templo) tu eres.

El pueblo de YHWH tiene el Espíritu de Elohim en su interior, y cada alma humana también tiene un espíritu humano único.

Juan 3:6. Lo que es nacido de la carne, carne es, y lo que es nacido del Espíritu, espíritu es.

Las Personas de la "Trinidad" es complejo, una "persona" tiene un intelecto, emociones, voluntad, un cuerpo físico y un espíritu, así que decir "personasde la Trinidad" es muy problemático, simplemente porque YHWH no es una "persona". Usted es una "persona" y yo soy una "persona". Encontramos en la Torá, los Neviim (profetas), en los Ketuvim Netzarim, (escritos de los discípulos judíos), el enfasís de los escritores en que YHWH es Ejad, es uno. Por lo tanto, aunque la palabra "Trinidad" podría ser suficiente como rápida y inofensiva referencia de la divinidad como Padre, Hijo y Espíritu Santo, no es una doctrina tan inocente si se insiste en que hay tres "personas" de la "Trinidad". La verdad puede ser transformada en idolatría, si no se es extremadamente cuidadoso con la base de nuestros valores y la comprensión de las Escrituras.

Y´shua es el Brazo de YHWH revelado como Dios quien vino en la carne y es parte de lo que entendemos como la "Divinidad", pero no hay necesidad de imaginar a dos o tres seres o personas dentro de la "Divinidad", ya que este tipo de pensamiento es de origen pagano. No fue sino hasta + / - 220 d.C. que un pensador griego llamado Tertuliano acuñó el término "Trinidad", después de leer a Filón quien acuñó la palabra "Tríada". Para el el año 375 d.C. el martirio sobre la teología de "la Trinidad" ya estaba en marcha en el Cristianismo Occidental, pero no fue hasta el siglo 12 que la Iglesia de Oriente también comenzó a utilizar el término.

Filón tomó sus ideas de "Metatrón" o lo que entonces era la Cábala oral que se refiere al Mashíaj como el "Pilar Central", que armoniza todos los atributos de YHWH como UNO. El Mashíaj entró el en tiempo y espacio, pero su Padre YHWH existe fuera del tiempo y el espacio. Cuando el Mashíaj se reveló como el brazo de YHWH vimos al "Padre" ¡pero no vimos y no podíamos ver todas las dimensiones del poder de YHWH y fuerza! ¿Cómo puede un ser finito ingresar información de lo infinito en nuestras mentes y espíritus? No es posible, pero es posible para el Mashíaj, el "Ungido de YHWH" revelarnos al Padre en el tiempo y el espacio.

Usted tiene un espíritu, tiene una mente y un cuerpo, pero nunca se separaría de su espíritu, de su alma como si fueran dos seres diferentes, que es donde la Iglesia cayó en el paganismo, porque esas ideas fueron traidas a la Fe de Y´shua por los politeístas paganos.

Apéndice 3

Concerniente a los Alimentos "Kosher"

La idea de animales "puros e impuros" le fue postulada al hombre justo en la creación misma:

Génesis 7:8. De los animales limpios, y de los animales que no eran limpios, y de las aves, y de todo lo que se arrastra sobre la tierra, 9 de dos en dos entraron con Noé en el arca; macho y hembra, como mandó YHWH a Noé.

YHWH delinea para nosotros en el Libro de Levítico lo que Él considera deben ser alimentos - ¡y eso **nunca** lo ha cambiado! **Todos** los creyentes deben comer sólo los alimentos Kosher, que cumplen los criterios de la Torá. ("Kosher" es el conjunto de leyes dietéticas que rigen lo que puede o no puede ser consumido).

Levítico 11:1. YHWH habló a Moshé (Moisés) y a Aarón: 2. Dile al pueblo de Israel que se trata de los seres vivientes que comeréis de todos los animales sobre la tierra...

Levítico 11:3 describe como animales "puros" a aquellos animales rumiantes que tienen la pezuña partida en dos; mientras que Levítico 11:4 advierte que, los rumiantes que

179

no tienen la pezuña partida. De esos animales no podrán comer, deberán considerarlos "impuros".

Los animales "impuros" son aquellos que son carnívoros que se alimentan de carne cruda de criaturas muertas y / o enfermas, y de cosas que, si fueran ingeridas por un ser humano común, lo mataría. Las impurezas y sustancias tóxicas - mientras no matan a las aves y animales "impuros" que los consumen, - son absorbidos por sus sistemas, y si comemos de esas aves o animales "impuros", sus impurezas y sustancias tóxicas son absorbida por NUESTROS sistemas.

Levítico 11:4. Pero usted no debe comer o aquellos que sólo rumian o sólo tienen un pie separado. 5. Así que el camello, el conejo y la liebre son impuros para ustedes porque 6. mientras rumian, no tienen la pezuña separado. 7. Por otra parte, 7 el cerdo es impuro porque aunque tiene la pezuña totalmente independiente que no rumian. 8. Usted no va a comer su carne ni siquiera tocar sus cadáveres, ya que son impuros.

Levítico 11:9-12 describe los alimentos marinos kosher y los no kosher, y a partir de allí YHWH hace una descripción minuciosa de exactamente qué tipo de alimentos Él quiere que comamos o abstenernos de ellos. ¿Y quién Él le estaba hablando? ¡a Yisra'el! ¿Quién es Yisra'el? ¡Cualquier persona que cree en el Dios de Abraham, de Isaac, y de Jacob! Entonces, ¿qué no entiende?

Sin embargo, hay personas que insisten en que Y´shua, Pablo y otros dijeron que se podía comer lo que queramos, es decir, no hay más "kosher", por versículosos como el siguiente...

Marcos 7:18. Él les dijo: Usted es también lento de entender. No sabes que todo lo que entra en el hombre desde el exterior no es capaz de contaminar. 19. Porque no entra en su corazón, y no en el vientre y es echado por excreción, que purifica toda la comida.

Marcos 7 muestra una de los grandes discusiones de la Ley Oral rabínica versus la Ley Escrita que existe en los escritos del Nuevo Testamento. En muchos aspectos esto presagia los acalorados intercambios que se registran en el Talmud unos 200 años más tarde. Sin embargo, un gran malentendido de este versículo se ha encontrado en las traducciones modernas por el comentario entre paréntesis: *"Así Y'shua declaró todos los alimentos ritualmente puros".* Ningún manuscrito en Árameo ni en Griego, incluye este comentario entre parentesís en el texto, lo cual es claramente un intento de los editores Gentiles de abandonar las leyes dietéticas de la Torá.

El punto que se estableció es que si las cosas como el asesinato, la mentira, adulterios y así sucesivamente, entonces ¿por qué preocuparse por la comida que usted come, si más peso tiene estas cosas lo están haciendo mucho más impuro que su alimento. Y aun si una persona mantiene una dieta perfectamente kosher, pero tuvo esos pensamientos impuros, que se encuentran entre los más impuros (no kosher) de la gente. (Ver Lucas 11:40).

1 Timoteo 4:1. Pero el Espíritu dice explícitamente que en los postreros tiempos, algunos se apartarán de la fe, e irán tras espíritus engañosos y después de la doctrina de demonios. 2. Estos seducir por una falsa apariencia, y hablarán una mentira y será encallecida en su conciencia, 3. Y prohibirán casarse, y requerirá la abstinencia de carnes que Elohim ha creado para uso y gratitud por los que creen y conocen la verdad. 4. Porque todo lo que es creado por Elohim es bueno, y no hay nada de lo que debería ser rechazada si se toma con acción de gracias 5. Pues es santificado por la palabra de Elohim y por la oración.

Nota para aclarar el versículo 3: La Iglesia Católica Romana y otras organizaciones cristianas prohíben a sus sacerdotes casarse. Mediante la implementación de sus propias cuasi-deidades "infalibles" llamados "padres", y han elegido hacer la guerra contra la Torá y Y'shua HaMashíaj. Véase también Mateo 23:09.

Nota para aclarar el verso 5: La alimentación incluye la carne que debe ser santificado por la Palabra de Elohim (la Torá), y hay alimentos puros e inmundos - alguns son santificados, otros no, ver Levítico 11. Decir una oración por los alimentos impuros no santifica esa comida más de lo que rezar para que no te pillen robando puede "santificarlo" o protegerlo de las consecuencias de esa transgresión. Muchos no recuerdan que, sólo porque el castigo no es inmediato, no quiere decir que ha sido olvidado por el cielo.

En lo anterior, ¿dijo Pablo, "ya que Jesús fue clavado en la cruz, podemos comer lo que queramos"? ¡No!

En primer lugar tenemos que recordar que Pablo - un simple hombre que era kosher sí mismo – se estaba dirigiendo a Judíos - que todos ya eran kashrut[1]/kosher. ¡A ellos ni soñarían ir en contra de lo que Dios dice en el Levítico acerca de lo que Él considera es alimento!

---

1 **Kashrut** (del Hebreo כשרות, "correcto" o "apropiado"; aquello que cumple con los preceptos del Kashrut es **Kosher**, כשר, es la parte de los preceptos de la religión judía que trata de lo que los practicantes pueden y no pueden ingerir, basado en los preceptos bíblicos del *Levítico* 11

Pablo advirtió contra las doctrinas de demonios que dicen que no pueden tener ciertos alimentos que Dios ha dicho que son buenos para comer. Cada criatura comestible es buena y no será rechazada **si** es santificada por la Palabra de Dios y la oración (acción de gracias). Levítico es la Palabra de Dios, y nos describe lo que es santo y lo que no es santo. Eso es lo que realmente significa kosher, ya que proviene de la misma raíz que *kodesh*, lo que significa santo.

Para aquellos que insisten, "¡Kosher es sólo para los Judíos!", les pediría que consideren la posibilidad o no de que la biología del cuerpo humano difiera entre los Judíos y Gentiles. Y´shua fue un Judío, y nunca vemos casos que revelen que Él alguna vez consumiera carne de cerdo. La carne de cerdo, los mariscos, los alimentos crudos o preparados inapropiadamente, pueden matar a un Judío tan rápido como a un Gentil, y viceversa.

YHWH tuvo una razón para establecernos reglas y regulaciones, y desde que Él dijo "No comas de esto o de aquello" nuestro trabajo es no cuestionar sino obedecer...

Los libros de Levítico y Deuteronomio especifican ampliamente lo que puede y no puede ser consumido. Así que de nuevo, ¿quieres seguir las tradiciones de los hombres, o ceder a la Palabra de YHWH? ¿Qué nos hace pensar que el consumo de cerdo hoy en día está bien, cuando en la Biblia es claro que **NO** estaba bien durante los últimos miles de años? ¿Cuando Dios cambió de opinión?

¿Deberían los Cristianos Ser Observantes de la Torá?

Apéndice 4

Acerca Navidad y "Easter" o Domingo de Pascua

Los Natzratim/Judíos Mesiánicos creyentes se adhieren a la celebración de las festividades bíblicas ordenadas por Dios porque, a diferencia de las festividades hechas por el hombre como Navidad y Semana Santa, ¡las fiestas bíblicas son de YHWH/ Y´shua en lugar no para nuestro "yo"! Ellas no son para gastar el dinero que no tenemos o endeudarnos para comprar cosas que no podemos permitirnos. Nadie se suicida durante las fiestas bíblicas, porque ellos tengan "sentimientos de soledad o depresión."

Vamos a comenzar con Navidad:

La Navidad no es mencionada en la Biblia; ni hay un Mandamiento de que debamos celebrar el nacimiento de nuestro Mesías. Éste "Día Santo" fue una total creación por el hombre. Aquí están los hechos:

- YHWH nunca dijo que honráramos el cumpleaños de su Hijo.

- Si bien es cierto que la "Navidad" está muy arraigada en las mentes de los Cristianos que

185

desean honrar el nacimiento de nuestro Salvador, es un hecho que Y´shua no nació en Diciembre. Mediante el examen de las festividades bíblicas y leer las Escrituras en su contexto, se puede determinar que nació en algún momento en el plazo entre Septiembre/ Octubre, durante la Fiesta de Sucot (Tabernáculos), cuando vino a hacer "tabernáculo" entre nosotros.

- Navidad, en su mayor parte, se vuelto tan comercial al punto de que Y´shua HaMashíaj (Jesús el Mesías) apenas si se menciona, y nuestros esfuerzos se concentran principalmente en la entrega de regalos y gastar dinero. Algunos Cristianos dicen que la Navidad ha sido fundamental para "hacer correr la voz", ya que le testifica al mundo secular. Si bien esto puede ser históricamente cierto, hasta cierto punto, esta fiesta también está basada en varias mentiras, incluyendo el hecho de que hacemos nuestro mejor esfuerzo para que nuestros hijos crean que "Santa Claus" es real. Exactamente ¿qué tiene que ver "Santa" con el nacimiento de nuestro Salvador? Algunos dicen que representa el "espíritu de dar" pero el problema es: ¡"Santa" se ha convertido en la figura central de la Navidad, quitando completamente el enfoque fuera el Mesías! El noveno Mandamiento es: "No mentirás". La mentira es mentira, no importa cómo la empaquete, así que ¿por qué Dios se complacería con la deliberada perpetuación anual de la mentira de la "Santa"? Algunos argumentan que han contado a sus hijos que Santa Claus no existe, y que sus familias se concentran en "la verdadera razón de la temporada" -, pero sin embargo, si Y´shua no nació el 25 de Diciembre, entonces, ¿el cumpleaños de quien celebran los Cristianos?

• Con excepción aquellos que se dan cuenta de la supuesta "razón de la estación" La Navidad es una fiesta que no incluye para nada a Y´shua – lo que automáticamente la hace una mentira. La mayoría de los ateos, satánicos y todo tipo de personas seculares "celebran" la Navidad, sólo porque es "que la época del año" - ¡sin molestarse en darse cuenta de que sin el Mesías, no hay ningún propósito para esta "fiesta"! La Navidad para los no creyentes es una ocasión para irse de fiesta, un día libre del trabajo, reunirse con la familia y amigos, y el intercambio de regalos que - a decir verdad -, probablemente no debió haber sido comprado en primer lugar, porque muchas personas terminan sumergidas en deudas para comprar los regalos que no se pueden permitir comprar. Buscar en un motor de búsqueda algo en el sentido de: "¿Qué es la Navidad realmente?" Usted encontrará sitios que hablan de todo, desde lo que la gente quiere para Navidad, hasta la forma en que el clima cálido es contraria a la "sensación" de los días de fiesta. Vas a tener que buscar mucho para encontrar la mención del Mesías.

El hombre no sólo ha decidido forzar el cumpleaños en Diciembre de nuestro Salvador, sino también empujar el paganismo por la garganta a través de la utilización de "Árboles de Navidad". El darse cuenta de que hay un simbolismo y tradición detrás de los árboles de Navidad, no le resta valor al hecho de que traer los árboles al hogar y la decoración de ellos era una costumbre pagana practicada en varias partes del mundo. Investigación diligente sobre este tema revelan que los árboles se utilizaron como altares paganos, donde se colocaron ofrendas para la deidad Aserá, las coronas de flores simbolizan el vientre, los árboles simbolizan los falos, oropel simboliza el semen, y las bolas simboliza los testículos que se utilizaron para observar los aspectos sexuales de estos rituales paganos.

Jeremías 10 nos revela lo inútiles que son nuestras costumbres creados por el hombre y los ídolos:

Jeremías 10:1. ¡Oíd la palabra que YHWH se dirige a vosotros, o casa de Israel! 2. YHWH dice esto: No aprendáis el camino de las Naciones y no tiemblan de miedo ante los señales en los cielos que las Naciones tiemblan ante. 3. ¡Porque los costumbres de las Naciones son como un paso de vapor—de nada! Es sólo el artificio de un artesano que corta un árbol en el bosque con un hacha. 4. Entonces, se adorna con plata y oro, y lo fija con martillo y clavos para que no se mueva. 5. Son como un espantapájaros en un parche del pepino. ¡Ellos no pueden hablar! ¡Y deben ser llevados, porque no pueden andar! No les tengas miedo, porque pueden hacer ni buena ni mala.

Mientras que la escritura de arriba no se refiere específicamente a "los Árboles de Navidad" de por sí, tenemos que recordar que YHWH suele castigar con la muerte a la gente por cualquier atisbo de desobediencia en su adoración. Levítico 10 lo llama "extraño" o "fuego extraño":

Levítico 10:1. Pero Nadab (Nadav) y Abiú (Avihu), hijos de Aarón, tomaron cada uno su incensario, y después de poner fuego en ella también colocó dentro de él incienso y ofrecieron fuego extraño delante de YHWH, que YHWH, no había mandado a hacer. 2. Entonces salió fuego de la presencia de YHWH que los consumió, y murieron delante de YHWH.

Si nada más le hace efecto, por favor pregúntese esto: Si su cumpleaños es el 8 de Febrero, ¿le gustaría que sus amigos y familiares lo celebrarán el 5 de Mayo? ¡Por supuesto que no! Lo mismo puede decirse de nuestro Salvador. Él no nació el 25 de diciembre, entonces ¿por qué estamos celebrando su cumpleaños? Y, con toda honestidad, ¿por qué estamos celebrándolo, cuando YHWH nunca nos lo ordenó?

¿Qué sobre Easter? (Domingo de Pascua)

Ezequiel 8:13. Y él me dijo: Da la vuelta otra vez y verás las grandes abominaciones que ellos practican. 14. Luego me llevó a la entrada de la puerta norte de la Casa de YHWH (templo) y allí mismo, delante me había mujeres llorando a Tamuz! 15. Entonces Él me dijo: ¿Has visto a este Hijo de Hombre (el hombre mortal)? Gire de nuevo y verán abominaciones mayores que éstas. 16. ¡Entonces me llevó al atrio interior de Casa de YHWH—y he aquí—en la puerta del Templo de YHWH, entre el pórtico y el altar, había unos veinticinco hombres con sus espaldas al Templo de YHWH y con su rostros se volvieron hacia el este mientras adoraban al sol en el este! 17. Me preguntó, ¿Has visto a ese Hijo de Hombre? ¿Es una cuestión casual que la casa de Yehudah (Judá) que practican las abominaciones que éstos hacen allí y llenar la tierra de violencia y me

189

enfureció aún más? ¡He aquí! ¡Incluso están poniendo el ramo a sus narices! 18. Por lo tanto, voy a actuar con furia, Mi ojo perdonará a nadie y no tendré compasión. Incluso si lloran en voz alta en mi oído me negaré a escucharlos.

La Escritura de arriba ¿no describe perfectamente los servicios de salida del sol en Pascua? ¡Aún esto es lo que millones de Cristianos en la mañana del Domingo de Pascua! Cautivados, están allí adorando al sol ya que sale por el este, ¡y la mayoría ni siquiera piensa en el hecho de que están realizando los rituales a una mítica diosa llamada Ishtar o Astarté (Easter, en Inglés), o que este acto se asemeja la antigua adoración al sol del dios-Sol BAAL!

La palabra "Easter" no se menciona en ninguna versión de la Biblia, excepto por una sola vez en la versión King James (en Inglés) - en Hechos 12:04; donde fue mal traducida, obviamente, porque Easter no es uno de los tiempos señalados de YHWH:

Hechos 12:4. Y cuando él lo había preso, le puso en la cárcel, entregándole á cuatro cuaterniones de soldados que le mantenga; con la intención después de Easter para traerlo adelante para la gente.

¡La cosa es que los primeros creyentes guardaban el Pesaj (Pascua), no Easter! Easter es simplemente otro nombre de una diosa pagana y ni siquiera fue considerada como una festividad "Cristiana" hasta el siglo IV.

Leamos Hechos 12:4 del arameo Testamento Inglés Nuevo, traducido directamente del arameo al Inglés:

Acts 12: 4. *And he seized him and placed him in prison, and delivered him [to] sixteen soldiers to watch him so that after the* **Passover** *he might deliver him to the people of the Yehudeans.*

(Hechos 12: 4. *Y se apoderó de él y lo puso en la cárcel, y les entregaron [a]dieciséis soldados para vigilarlo, para que después de la Pascua (Paskha) lo librara al pueblo de la Yehudeans.)*

Pascua o Pésaj se observó originalmente por Judíos y Gentiles temerosos de Elohim que siguieron a Y´shua como un solo cuerpo. Según las cartas de Jerónimo, Policarpo un discípulo del Shaliaj Yohanán (Juan) fue a Roma en 147 d.C. para pedir a "la iglesia" NO traer Ishtar (Easter) al Cristianismo. Policarpo fue quemado en la hoguera por sus esfuerzos. Los Cristianos que celebran Easter en lugar de Pesaj y pintan huevos de Pascua están contribuyendo al avance del paganismo en el sistema de la falsa iglesia. Además, siendo realistas, los conejos no ponen huevos...

El autor Andrew Gabriel Roth sobre Easter:

"Easter" es mencionado en la Biblia King James, pero vamos a echar un vistazo a su elección para que citan este "día de fiesta", el cual se deriva de la *paskha* Griega. Así es como la famosa *Exhaustiva Concordancia Strong* de la Biblia King James define esta palabra:

> *Pas'-khah* - Sustantivo Neutro. Definición: El sacrificio pascual (que se acostumbraba a ser ofrecido por los pueblos de la antigüedad por la liberación de Egipto), el cordero pascual, es decir, el cordero que los Israelitas acostumbraban a sacrificar y comer el día mes de Nisán (el primer

191

mes del Calendari Hebreo) en memoria del día en que sus padres, preparándose para partir de Egipto, fueron llamados por Dios para sacrificar y comer un cordero, y para rociar con su sangre los dinteles de sus puertas, para que el ángel destructor, al ver la sangre, podría pasar por encima de sus viviendas, Cristo crucificado es comparado con el cordero pascual inmolado en la cena pascual de la fiesta pascual, la Fiesta de Pascua, que se extiende desde el 14 hasta el día 20 del mes de Nisán.

Palabras Usadas en la Biblia King James - Total: 29; Pascua 28, Easter 1

Por favor, tenga en cuenta la última línea. Veinte y ocho veces en el Nuevo Testamento *paskha* se entiende que significa Pascua. Hay una buena razón para ello: Es la misma palabra para la Pascua del Griego, en Hebreo original sería *Pésaj*. Nótese también que la Concordancia Strong intenta sugerir que la Pascua se compara con el sacrificio de Y´shua, pero ellos no explican abiertamente y lo justifican llamándolo "Pascua", porque en cualquier otro lugar el significado es absoluta e incontrovertible. Ni ofrecen ninguna explicación de la lectura de la variante de la "Easter" en Hechos 12:04. Así que ahora, de acuerdo con la Nueva Versión Internacional, aquí están los 29 casos de *paskha*:

*"Como ustedes saben, la **Pascua** (paskha) está a dos días de lejos - y el Hijo del Hombre será entregado para ser crucificado."... En el primer día de la fiesta de los Panes sin Levadura, vinieron los discípulos a Jesús y le preguntó: "¿Dónde quieres que preparemos para que comas*

la **Pascua** *(paskha)?" Él respondió: "Id a la ciudad a cierto hombre, y decidle: El Maestro dice: Mi tiempo está cerca. Voy a celebrar la* **Pascua** *(paskha) con mis discípulos en tu casa. "Y los discípulos hicieron como Jesús les mandó, y prepararon la* **Pascua** *(paskha). (Mateo 26:2, 17-19)*

Ahora la **Pascua** *(paskha) y la Fiesta de los Panes sin Levadura sólo dos días lejos, y los principales sacerdotes y los maestros de la ley buscaban algún modo astuto para arrestar a Jesús para matarlo ... El primer día de la Fiesta de los Panes sin Levadura, cuando era costumbre de sacrificar la* **Pascua** *(paskha) de cordero, los discípulos de Jesús le preguntaron: "¿Dónde quieres que vayamos a hacer los preparativos para que comas la* **Pascua**?*" ... díganle al dueño de la casa que entra "El Maestro pregunta: ¿Dónde está mi sala, donde pueda comer la* **Pascua** *(paskha) con mis discípulos? '... los discípulos salieron, entraron en la ciudad y encontraron todo como Jesús les había dicho. Así que prepararon la* **Pascua** *(paskha). (Marcos 14:1, 12, 14, 16)*

Todos los años, sus padres fueron a Jerusalén para la Fiesta de la **Pascua** *(paskha). (Lucas 2:41)*

Ahora la Fiesta de los Panes sin Levadura, llamada la **Pascua** *(paskha), se acercaba... Entonces llegó el día de los Panes sin Levadura, en el cual la* **Pascua** *(paskha) cordero tenía que ser sacrificado, Jesús envió a Pedro y a Juan, diciendo: "Vayan y hagan preparativos para que comamos la* **Pascua** *"... Y díganle al dueño de la casa:" El Maestro pregunta: ¿Dónde está el aposento donde he de comer la* **Pascua** *(paskha) con Mis discípulos?... Se fueron y lo encontraron como Jesús les había dicho. Así que prepararon la* **Pascua** *(paskha)... Y él les dijo: "Cuánto he deseado comer esta* **Pascua** *(paskha) con vosotros antes de padecer. (Lucas 22:1, 7-8, 11, 13, 15)*

*Y estaba cerca la **Pascua** (Paskha) de los Judíos; y subió Jesús á Jerusalén. (Juan 2:13)*

*Ahora bien, mientras él estaba en Jerusalén en la **Pascua** (Paskha) Fiesta, mucha gente viendo las señales que hacía y creen en su nombre. (John 2:23)*

*Cuando llegó a Galilea, los Galileos lo recibieron. Ellos habían visto todo lo que había hecho en Jerusalén durante la Fiesta de la **Pascua** (Paskha), pues también había estado allí. (Juan 4:45)*

*La Fiesta de la **Pascua** Judía (Paskha) estaba cerca. (Juan 6:4)*

*Cuando casi llegó la hora para la **Pascua** Judía (Paskha), muchos subieron del campo a Jerusalén para su purificación ceremonial antes de la **Pascua** (Paskha). (Juan 11:55)*

*Seis días antes de la **Pascua** (paskha), Jesús llegó a Betania, donde vivía Lázaro, a quien Jesús había resucitado de entre los muertos. (Juan 12:1)*

*Fue justo antes de la Fiesta de la **Pascua** (Paskha). Jesús sabía que había llegado el momento para que pasase de este mundo al Padre. Habiendo amado a los suyos que estaban en el mundo, ahora se les mostró toda la extensión de su amor. (Juan 13:1)*

*Entonces los Judíos llevó a Jesús de Caifás al palacio del Gobernador Romano. A estas alturas ya era mañana temprano, y para evitar la impureza ceremonial los Judíos no entraron en el palacio, sino que querían ser capaces de comer la **Pascua** (Paskha). (Juan 18:28)*

*Pero es su costumbre para mí que os suelte un preso en el momento de la **Pascua** (paskha). ¿Quieres liberar 'el rey de los Judíos?" (Juan 18:39)*

*Era el día de la Preparación de la **Pascua** (Paskha) Semana, alrededor de la hora sexta. "Aquí tienen a su rey", dijo Pilato a los Judíos. (Juan 19:14)*

*Después de arrestarlo, lo puso en la cárcel, entregándolo a ser vigilado por cuatro escuadras de cuatro soldados cada uno. Herodes intención de llevarlo a cabo en el juicio público después de la **Pascua** (Paskha). (Hechos 12:4)*

(Pesaj [Pascua] también tiene sentido porque aunque si "Easter" existiera como una festividad, ¡difícilmente podría calificarse como un amenaza a la seguridad de la cual Herodes había de qué preocuparse! ¿Qué amenaza representaba el término "Easter" para la Fiesta Judía que conmemora LIBERTAD DE UNA POTENCIA EXTRANJERA que obligó a Roma a tomar medidas adicionales para evitar disturbios? ¿Por qué Pilato en el Evangelio ofrecería para liberar a un prisionero si no era para aplacar esta situación tan volátil?)

*Deshacerse de la vieja levadura, para que seáis nueva masa, sin levadura--como realmente eres. Porque Cristo, nuestro cordero de la **Pascua** (Paskha), ha sido sacrificado. (1 Corintios 5:7)*

*Por la fe celebró la **Pascua** (paskha) y el rociamiento de lo sangre, para que el exterminador de los primogénitos no tocara a los primogénitos de Israel. (Hebreos 11:28)*

Tenga en cuenta que la Nueva Versión Internacional también hace Hechos 12:4 como la Pascua. De hecho, la versión King James es la única en este tipo de deshonestidad académica, como la raíz y el uso de *Paskha / Pesaj* no podía ser más clara.

Como puede ver, hay una especie de Festival de Easter que se menciona en la Biblia, ¡pero parece que no es el tipo de festividad a la cual los justos se suponía que asistieran! Vea también la vinculación de Asera con los postes, los árboles y arboledas, una ocasión "sagrada" similar mencionada en el Tanak, irónicamente, también ha sido co-optado por otro día de fiesta Cristiano:

Escuche lo que dice YHWH a vosotros, o casa de Israel. Esto es lo que YHWH dice: "No aprendan ustedes la conducta de las naciones, ni se aterroricen ante las señales del cielo, aunque las naciones les tengan miedo. Las costumbres de los pueblos no tienen valor alguno. Cortan un árbol en el bosque, y un artífice lo labra con un cincel. Lo adornan con oro y plata, y lo afirman con martillo y clavos para que no se tambalee. Sus ídolos no pueden hablar; ¡parecen espantapájaros en un campo sembrado de melones! Tienen que ser transportados, porque no pueden caminar. No les tengan miedo, que ningún mal pueden hacerles, pero tampoco ningún bien. ¡No hay nadie como tú, YHWH! ¡Grande eres tú, y grande y poderoso es Tu Nombre! ¿Quién no te temerá, Rey de las naciones? ¡Es lo que te corresponde! Entre todos los sabios de las naciones, y entre todos los reinos, no hay nadie como Tú YHWH. Todos son necios e insensatos, educados por inútiles ídolos de palo. De Tarsis se trae plata laminada, y de Ufaz se importa oro. Los ídolos, vestidos de púrpura y carmesí, son obra de artífices y orfebres; ¡todos ellos son obra de artesanos! Pero el YHWH es el Elohim verdadero, el Elohim viviente, el Rey eterno. Cuando se enoja, tiembla la tierra; las naciones no pueden soportar su ira. Así les dirás: "Los dioses que no hicieron los cielos ni la tierra, desaparecerán de la tierra y de debajo del cielo." (Jeremías 10:1-11)

Adicionalmente, debemos recordar que Aserá/ Astarté/Eostre/Ester derivado en últimamente poder en su contraparte masculina Baal quien, sin ser menos, tenía una "festividad" bíblica para si bajo otro título, Moloc. Incluso tenía como "patrocinador" de uno de los personajes más famosos de la historia bíblica:

En efecto, cuando Salomón llegó a viejo, sus mujeres le pervirtieron el corazón de modo que él siguió a otros dioses, y no siempre fue fiel al YHWH su Elohim como lo había sido su padre David. Por el contrario, Salomón siguió a Astarté, diosa de los sidonios, y a Moloc, el detestable dios de los amonitas. Así que Salomón hizo lo que ofende al YHWH y no permaneció fiel a él como su padre David. Fue en esa época cuando, en una montaña al este de Jerusalén, Salomón edificó un altar pagano para Quemós, el detestable dios de Moab, y otro para Moloc, el despreciable dios de los amonitas. Lo mismo hizo en favor de sus mujeres extranjeras, para que éstas pudieran quemar incienso y ofrecer sacrificios a sus dioses. (1 Reyes 11:4-8)

¿Y exactamente qué tipo de fiesta se llevó a cabo en honor de la "religión de los tiempos antiguos"?

También derribó los cuartos de los hombres prostitutos del santuario, que estaban en el templo de YHWH y donde las mujeres tejían para Asera. Josías trajo a todos los sacerdotes de las ciudades de Judá y profanaron los lugares altos, desde Geba hasta Beerseba, donde los sacerdotes habían quemado incienso. Él derribó los santuarios de las puertas - en la entrada de la Puerta de Josué, gobernador de la ciudad, que está en la izquierda de la puerta de la ciudad. Aunque los sacerdotes de los lugares altos no servir en el altar de YHWH en Jerusalén, comieron pan sin levadura con sus compañeros sacerdotes. Profanó Tofet, que estaba en el Valle de Ben Hinnom, para que nadie pudiera usarla para sacrificar a su hijo o a su hija por el fuego a Moloc. (2 Reyes 23:7-10)

2 Reyes 23:7-10 describe cómo la ira de YHWH ardió contra Yisra'el, porque ellos sirvieron a dioses extranjeros y paganos. ¿Ha cambiado algo que le cause a Él regocijo en nuestros cultos paganos de hoy? Si no es así, entonces ¿por qué continuar con las falsas enseñanzas de Navidad y Easter?

La conclusión es, Y'shua no ´resucitó en "Easter" (Domingo de Resurrección) – Él murió el 14 de Nisán (que cae en diferentes días en nuestro Calendario Gregoriano que nombra a los días y a los meses con los nombres de deidades paganas), y se levantó exactamente tres días después. YHWH hizo un gran negocio al dejarnos saber que la Pascua es siempre el 14 de Nisán y que la resurrección era exactamente tres días después. ¿Por qué iba a estar contentos con nosotros por cambiar el día y la llamarlo "Easter", el nombre de una diosa pagana?

Apéndice 5

El Calendario de YHWH y la semana de siete días

¿Cómo sabemos que el Sábado es el séptimo día? Vamos a echarle un vistazo:

YHWH dijo en el Génesis que el cielo es útil.

Génesis 1:14. Y dijo Elohim: ¡Que haya luces en el firmamento que separen el día de la noche; que sirvan como señales de las estaciones, de los días y de los años, 15 y que brillen en el firmamento para iluminar la tierra! Y sucedió así.

Esto lo hizo en el 4to día de la creación. ¿El cuarto día? ¡Sí, el 4to día! - El hombre no fue creado hasta el sexto día. Así que podemos decir con seguridad que el calendario, el mecanismo para determinar las estaciones, los días y los años SIEMPRE ha existido, ya que existía antes que el hombre. Fue un regalo de Dios. Un regalo para el hombre que aún no había sido creado aún.

Ahora mire en Génesis 3:17. *Y al hombre (Adán) dijo: Por cuanto obedeciste a la voz de tu mujer, y comiste del árbol de que te mandé diciendo: No comerás de él; maldita será la tierra por tu causa;*

199

te afanas en y comerás de ella todos los días de tu vida; 18. Espinos y cardos se lo traigo fuera para ti, y comerás la hierba del campo; 19. Con el sudor de tu rostro comerás el pan hasta que vuelvas a la tierra, porque de ella fuiste tomado: pues polvo eres, y al polvo volverás.

Y, el versículo 24: *"Echó, pues, fuera al hombre...."* eso es, fuera del jardín y hacia terrenos no preparados.

Ahora, Capítulo 5 versículo 5: *En total, Adán vivió 930 años y después él murió.*

YHWH no nos dice lo que Adán hizo durante su vida durante sus 930 años, ni tampoco nos dice la Biblia, si YHWH simplemente le dijo a Adán todo lo que necesitaba saber o si ÉL requirió a Adán que aprendiera por ensayo y error - pero una cosa es seguro: desde el Capítulo 3 versículo 24, Adán ya no estaba en el exuberante jardín preparado para él donde todo lo que tenía que hacer era caminar con Dios y trabajar la tierra rica la cual recibía el agua del río (Gén 2:10). Y en el Capítulo 3, versículo 17, Adán tuvo que trabajar duro para comer, y eso significa que tenía que recoger y sembrar y cosechar, y limpiar de espinas y cardos, y desarrollar la agricultura.

Si YHWH no le dijo directamente a Adán lo que debía hacer (una vez más no sabemos a ciencia cierta si Él lo hizo o no), entonces Adán tuvo que usar su ingenio y ver las estrellas para determinar las estaciones del año. Ya que él vivió 930 años, puede estar seguro después de ver las estrellas durante casi un milenio, él SABÍA cómo las estrellas reflejaban las estaciones y cómo saber cuando las estaciones están cambiando y cuándo sembrar y cosechar. Si lo hizo incorrectamente las primeras temporadas cuando él y Eva estaban por su cuenta, usted puede apostar que pensó lo suficiente después de que podía mirar el cielo de la noche y saber exactamente cuántas semanas y días tenía para preparar y sembrar su campos, y exactamente cuando más lo necesitaba para la cosecha. ¡Él tuvo 900 o más oportunidades de hacer las cosas bien!

Sí, Adán usó las señales que YHWH creó en el día 4 de la creación como un calendario, y es que Adán, sin duda, le debemos el año de 12 meses, ya que puede estar seguro de que Adán reconoció que la luna apareció en el cielo de la noche casi exactamente 12 veces antes de las mismas estrellas aparecieron en el mismo lugar en el cielo de la mañana otra vez. De hecho, usted puede estar seguro de que después de 900 y pico de años de observar el cielo nocturno, Adán sabía que no podía contar con un número exacto de días entre las observaciones de la luna nueva. Vaya a observar la luna por usted mismo durante un par de años, y usted será capaz de sacar la misma conclusión…

Es interesante notar que para usar este calendario en el cielo no tiene que estar por escrito. Usted no necesita un calendario en una hoja de papel que le diga que es septiembre y marzo (¡usando nuestros nombres modernos para los meses!) Usted sólo tiene que observar la posición de las estrellas al atardecer o al amanecer y contar los días entre los sucesos en el cielo, y la luna le ayudará a saber cuántos días habían pasado. ¿Y cree que por un momento que Adán mantuvo esa información para sí mismo? ¡Qué va! Él enseñó lo que había aprendido a sus hijos e hijas, y se lo pasó a sus descendientes.

Origen de la Semana

Ahora volvamos por un momento a la creación.

Génesis 2:1 Y en el séptimo día Elohim terminó su obra que había hecho; 2. Y reposó el día séptimo de toda la obra que había hecho. 3. Y Elohim bendijo el séptimo día y lo santificó, porque en él reposó de toda la obra que Elohim había creado y hecho.

El Hebreo "שבת" (Shabbat) tiene dos significados: "siete" y "descanso", y se considera el número de completación/ perfección. Si acepta que el "día" era un día de 24 horas, o una época que dura mil años, o 10.000 años para cada "día", el punto es YHWH creó por 6 "días", y descansó en el séptimo. Luego bendijo el día séptimo y lo apartó como santo.

Ahora bien, es evidente que nuestra semana de siete días vino a partir de la creación, y es tan obvio que realmente no necesita mayor análisis del origen de la semana de 7 días, pero hay un sinnúmero de personas por ahí que simplemente no pueden ver esto, y tratan de argumentar todo tipo de orígenes "místico" o pagano de la semana de 7 días por lo que simplemente se ven obligados a estudiar más.

Ya hemos visto que YHWH bendijo el día séptimo. En Génesis capítulo 7, versículo 4, YHWH le dice a Noé que en "siete días más" Él causaría que comience a llover. En Génesis capítulo 8, Noé, después de esperar que las aguas retrocedan, envió una paloma, que volvió a él, porque no había tierra seca. Así que Noé esperó otros 7 días para enviar de nuevo la paloma (v. 10). La paloma nuevamente regresó, aunque con una rama de olivo, por lo que Noé esperó otros 7 días (v. 12) antes de enviar otra vez a la paloma. ¿Alguien puede argumentar que Noé estaba cumpliendo con un período de siete días que era bastante normal para él? En el capítulo 7, versículo 4 nos encontramos con el mismo YHWH diciéndole a Noé que en "7 días más" comenzaría la lluvia. Claramente vemos que YHWH se refiere a 7 días porque Noé comprendía siete días. ¡El período de siete días ya estaba bien establecido con el hombre!

Muchos sostienen que los Patriarcas no tenían que obedecer el Shabbat, y no tenían la semana de siete días, ya que no está citada específicamente en el Génesis. Pero examina el Génesis por ti mismo. Es un libro que describe la rebelión del hombre contra Dios y sus consecuencias. No es un libro de instrucción y no les fue dado a los patriarcas "para vivir". Génesis es sólo un registro de eventos, escrito mucho después de que ocurrieron, escrito por Moisés unos 2.500 años después de los hechos narrados en el Génesis (de hecho , los Patriarcas habían muerto hacía mucho tiempo para el momento en que fue escrito) y no tenía por objeto proporcionar los Mandamientos. (Curiosamente, los Mandamientos – las enseñanzas e instrucciones de YHWH - no fueron escritos hasta que llegara el tiempo de Moisés en el libro de Éxodo.)

Génesis ofrece suficiente historia como para sentar las bases y establecer los cimientos sobre los cuales comienza el camino al Mesías. No es un libro completo de historia, y no es "la historia de la creación". No describe los orígenes de todas las cosas humanas; no registra exactamente el "cómo" y "por qué" el hombre hizo lo que hizo, y de hecho, no se identifica específicamente el origen de la semana de 7 días ni revela claramente que a los Patriarcas les fue dado el Shabbat y que ellos observaban el Shabbat (aunque Adán estaba presente cuando YHWH declaró santo al séptimo día). Simplemente no se puede incluir todos los aspectos de la vida humana en el tiempo, y por lo tanto se ven obligados a darse cuenta de que algunas cosas en el comportamiento del hombre en esta época fueron dadas por YHWH, y no por escrito. El hecho de que el hombre, muy probablemente, siempre observara la semana de siete días está insinuado (por ejemplo, la discusión de Noé más arriba). Que una semana de siete días sea observada y no incluya el Shabbat – en el mismo día en que es definida la semana - es un resultado poco probable.

Es bastante cómico los extremos a que algunos autores llegan para tratar de "demostrar" que la semana de siete días se originó en el Imperio de Babilonia alrededor del año 600 a.C. citando "la astrología", uniendo el hecho de que sólo había siete objetos visibles en el cielo que claramente no eran "estrellas fijas" (es decir, el Sol, la Luna, Marte, Mercurio, Júpiter, Venus, y Saturno), y después nombrar los días de la semana con los nombre de los "dioses" de estos planetas. Curiosamente, estos mismos autores no descubrieron que la historiadora bizantina Ana Comnena (1083-1153 d.C.), dijo en sus escritos: "El arte de la adivinación es un descubrimiento relativamente reciente, *desconocido para el mundo antiguo* [énfasis añadido]. En los tiempos de Eudoxo de Cnidos [c.408-355 a.C.], el distinguido astrónomo, las reglas para eso no existían, y Platón no tenía conocimiento de la ciencia, e incluso Manetón el astrólogo [c.280 a.C.] no tenía información precisa sobre el tema. En sus intentos de profetizar carecían del horóscopo y de la fijación de los puntos cardinales, no sabían cómo observar la posición de las estrellas en una de nacimiento y todas las otras cosas que el inventor de este sistema ha legado a la posteridad, las cosas inteligibles para los devotos de esas tonterías. "[el Alexiada de Anna Comnena, traducido por ERA Sewter, Penguin

Classics, 1969, pp.193-194]. Y aún más curioso es que estos mismos autores no cuestionan la **idea** de una "semana de siete días" en primer lugar, simplemente tratan de encajar la astrología y el paganismo en los **nombres** de los días de la semana de siete días que ya estaba bien arraigadas y observados en el mundo antiguo! Algunos autores reconocen que no hay correlación astronómica para explicar a la semana de siete días, sin embargo, ¡son incapaces de ver lo obvio y la conclusión de que los nombres paganos de los días de la semana se les dio a los días de la semana de 7 días **que ya estaba en uso**!

Regreso al Calendario

Ahora regresemos al calendario. Adán pudo ver que la Luna aparecia en el cielo en la noche cerca de 12 veces, antes de que las mismas estrellas volverían a aparecer en el mismo lugar en el cielo en la tarde. Incluso si Adán no sabía qué era "12", es decir, incluso si él no entendía el concepto de "contar", que podría poner muescas en un palo, o la marca de las paredes de una cueva cada vez que veía la Luna y ver que tenía el "mismo número" de muescas que el de la aparición de la Luna cada "año". Pero no hay duda de que él se habría dado cuenta de que la 12ª vez que vio la Luna, las estrellas esa misma noche no estaban en el mismo lugar que la última vez que vio la 12ª aparición de la Luna. Es probable que no entendía por qué esto era así, pero probablemente se dio cuenta de que todo lo que tenía que hacer era esperar unos días más y las estrellas estaban de vuelta en el mismo lugar que estaban el año anterior. Es decir, puede no haber sido capaz de discernir el año trópico, es decir, 365.25 días.

Por lo tanto, si Adán podía contar, no importa. Él hubiera sabido que en algún momento después de observar las "12" apariciones de la Luna, las estrellas estarían en el mismo lugar en que aparecieron el año anterior. ¿Qué necesitó Adán hacer al respecto? ¡Nada! Ya que él no se basaba en un calendario escrito, el hecho de que las estrellas estaban "retrasadas" no importaba, simplemente observaba y por supuesto, unos días más tarde, ellas se encontraban en el lugar correcto y él sabía cuándo plantar. La aparición mensual de la Luna le ayudó a "contar" los días, ya que las estrellas reaparecian en el mismo lugar en el cielo, como un reloj, sea que la luna hiciera exactamente 12 apariciones o no.

¿Por qué pasar tanto tiempo describiendo lo que Adán sabía de la Luna y las estrellas? Porque más adelante en este tratado que vamos a discutir el calendario en detalle y los conceptos tal como eran entenddidos por Adán será importante. Pero, por ahora, vamos a volver a Noé.

En Génesis 7:11, encontramos la siguiente declaración: *"En el séptimo día del segundo mes del año 600o de la vida de Noé...."* Por esto sabemos que Dios le dijo a Moshé – quien escribió estas palabras las cuales se convirtieron en el libro de Génesis – que en los tiempos de Noé, existía un calendario, completo con meses identificados y días específicos. Aquí tenemos la evidencia de que un calendario complete existía en los tiempos de Noé.

Consciente también de que Adán debe haber conocido el concepto de "mes", y que también entendía que no había una relación exacta, integral entre la aparición de la luna y el número de días en un año, y luego en los siglos intermedios entre Adán y Noé, ¡hubo mucho desarrollo en el establecimiento de un calendario! No sería exagerado concluir que en la época de Noé, Adán y sus descendientes habían establecido la observación y el refinamiento suficiente que el calendario había sido escrito, ¡y Noé era consciente de cómo usarlo! Tenga en cuenta que Moisés, en el Génesis, no necesitó pasar tiempo para describir lo que era un "mes", ni cuántos días había en cada mes, ni cómo se producían. ¡El calendario ya era tan común como comer, beber, dormir, y cualquier otra actividad humana!

Ahora vamos a ir a la época del Imperio Babilónico, alrededor del 600 a.C. Tenga en cuenta que Moisés vivió alrededor de 1500 a 1400 a.C., y aunque Moisés no describe el calendario, las primeras sociedades justo antes de los babilonios, ciertamente lo hicieron. Vemos en estas antiguas sociedades intentos para sincronizar al año lunar (de alrededor de 354 días) con el año solar (agrícola) de aproximadamente 365 días. Ellos hicieron esto añadiendo crudamente meses al año cuando pensaban que eran necesarios para mantener una división del año en dos temporadas, básicamente de verano e invierno.

Dado que la Luna no hacía exactamente 12 apariciones en un año, el calendario, (el cual estaba basado naturalmente en la Luna en aquella era del hombre), quedaba "fuera de sincronía" con el sol, el cual completaba un "año" unos 11 días más tarde que el período en que la luna completaba las 12 "apariciones" o "meses". El comienzo del verano, por ejemplo, que "iniciaría" en otro mes, ¡y se hizo imposible de averiguar cuándo plantar! Para contar el cambio para el verano, tuvieron que hacer "sincronizar" el calendario lunar con el calendario "solar" una vez más mediante la adición de meses extras! Los detalles de esto están fuera del alcance de este texto, pero es un estudio interesante en sí mismo, y se le recomienda profundizar en ella.

Babilonia es de interés porque utilizan un calendario de meses basado en una curiosa observación de la Luna. Ellos sabían que la aparición de la Luna, en comparación con el fondo de las estrellas, no sólo hacia reapariciones mensual que se enmarcan en meses de 29 o 30 días, sino que también la Luna hacia una interesante repetición del ciclo a largo plazo. El que se repitiera el ciclo a largo plazo era que la Luna hacía casi exactamente 235 "apariciones" antes de que "apareciera" una vez más delante del mismo grupo de estrellas el mismo día que el Sol regresara, una vez más, al mismo lugar relativo a su ciclo anual.

Este ciclo de 235 apariciones lunares ocurrida "exactamente" en 19 años. Este ciclo, incluso hoy en día todavía se llama el "Ciclo Metónico" lleva el nombre del filósofo griego Metón, de Atenas, alrededor de 440 a.C., quien fue el primero de entender las matemáticas detrás de el ciclo de 19 años de la luna. El ciclo de 19 años es inexacto por sólo 0,09 días, o dos horas, por eso la palabra "exactamente" al comienzo del párrafo. No es astronómicamente "exacto", pero para el hombre antiguo, sin los avances de los tiempos modernos, es fenomenalmente "exacto". Baste decir que los babilonios agregaron un "mes" extra al año cada cierto tiempo para hacer que algunos años tengan 13 meses, lo mismo que sus antepasados, pero con un plan bien elaborado. ¡Los años con 13 meses fueron los 3ro, 6to, 8vo, 11vo, 14vo, 17mo y 19no del ciclo lunar 19 años! Se trata incluso de una distribución matemática, la cual, curiosamente, añade 7 meses cada 19 años, ¡y mantiene sincronizados los calendarios lunares y solares!

Ahora, de vuelta a nuestra discusión de Adán. Él hizo observaciones de la Luna, sin duda. Adán tenía que plantar y cosechar, sin duda. Adán tuvo que comprender las estaciones, y cuándo sembrar y cosechar. Adán pasó este conocimiento a su descendencia, sin duda. Sus descendientes continuaron observando la Luna, el Sol y las estrellas y refinar las observaciones, sin duda. La humanidad continuó refinando estas observaciones, sin duda. Ahora, cuando los Babilonios comenzaron a establecer su sociedad, unos 3.400 años después de Adán, ¡no hay duda de que mucho de lo que los Babilonios conocían el calendario lunar y solar ya era muy conocido!

Ejemplo de ello: el comienzo del mes en el calendario Babilónico fue determinado por la observación directa de la "joven" Luna creciente al atardecer cuando era sabido que la Luna podría aparecer como una "Luna nueva". Esta costumbre, claramente tomada de las antiguas prácticas, está en línea con la idea de que el nuevo día comienza al atardecer, como se originó en el Génesis.

Ahora el incrédulo al leer este texto podría decir, "pero yo no creo en Adán, así que no creo en lo que dice". No importa si crees en Adán o no. Está bien documentado en muchos textos históricos y manuscritos de la época hacia el año 1450 a.C. que hacen referencia a Moisés como una persona real, ¡y todas las observaciones de calendario son de su época la cual precede a Babilonia por 1000 años! ¡Babilonia simplemente usó/modificó el concepto de un calendario ya establecido en la sociedad! Babilonia finalmente cayó y Roma se erigió y el calendario continuó hasta a ser modificado para adaptarse al Imperio del momento. Más información al respecto en los siguientes párrafos.

Significado de "7 días"

El calendario Babilonico, aunque mantuvo la Luna y al Sol "sincronizados", tenía problemas. Parece que las estaciones estaban a la deriva por días durante cientos de años. En la época que el Imperio Romano estaba en control, las estaciones todavía estaban seriamente desordenadas. Julio César intentó solucionar el problema de la deriva de las estaciones mediante la creación de un nuevo calendario.

En el año 46 a.C., Julio César reformó el calendario Romano con lo cual esperaba sería una forma más manejable. Para esa época, los astrónomos entendieron que el año solar realmente no estaba astronómicamente conectado a la Luna, entonces Julio César cambió el número de días en los meses para lograr un año de 365 días y separó el calendario solar del calendario lunar. Para "ponerse al día" con las estaciones, Julio César también añadió 90 días al año 46 a. C., entre Noviembre y Febrero.

Antes de continuar, otro estudio interesante es la influencia que los Emperadores y Gobernantes han tenido en el calendario. En el año 8 a.C., el Emperador Augusto, cambió el nombre del 6 ° mes del calendario Romano de "Sextilus" a "Agosto". Julio César en el 44 a.C. cambió el nombre del quinto mes de "Quintilis" a "Julio". En el año 45 a.C., Julio César hizo 01 de Enero el inicio del año.

Sin embargo, a la Iglesia no le gustó las fiestas salvajes que tuvieron lugar en el inicio del nuevo año y en 567 d.C. declaró que el inicio del año el 1 de Enero fue un "error antiguo" que debe ser abolido. Se utilizaron diversas fechas para el año nuevo; hay por lo menos siete períodos documentados donde el inicio del nuevo año se cambió al 1 de Marzo, el 1 de Enero, el 25 de Marzo, el 25 de Diciembre, o el Sábado antes de Pascua, o alguna variación. El Imperio Bizantino acostumbraba que el año empezara el 1 de Septiembre.

Continuando, el calendario Juliano consistía de ciclos de tres años de 365 días, seguidos de un "salto" a 366 días en el cuarto año. ¡Alrededor del 9 a.C., se determinó que los sacerdotes encargados del computo del calendario habían estado sumando años bisiestos cada tres años en lugar de cuatro. En consecuencia, para corregir el error, a los años no bisiestos se agregaron desde el 9 a.C., hasta el 8 d.C. Los años bisiestos fueron por lo tanto, 45 a.C., 42 a.C., 39 a.C., 36 a.C., 33 a.C., 30 a.C., 27 a.C., 24 a.C., 21 a.C., 18 a.C., 15 a.C., 12 a.C., 9 a.C., 8 d.C., 12 d.C., y cada cuarto año a partir de entonces.

Los detalles del calendario y sus cambios y problemas son extraordinariamente interesantes, pero este texto ya es bastante largo para reconocer que el calendario Juliano presenta un error de 1 día cada 128 años, y para mediadosde 1500, el calendario Juliano festaba "desfasado" por 10 días y el calendario, una vez más, necesitó ser corregido. El calendario "Gregoriano" propuesto por Luís Lilio, un médico de Nápoles, fue aprobado por el Papa Gregorio XIII para corregir los errores del calendario Juliano.

Fue decretado por el Papa Gregorio XIII en una "papal bulla" (una carta con sello oficial), el 24 de Febrero de 1582. Por el trazo de una pluma, 4 de Octubre de 1582 fue seguido por 15 de Octubre de 1582. Esto corrige el error acumulado de 10 días del calendario Juliano, y estableció un manejo mucho más preciso de los "años bisiestos", por lo que toma alrededor de 3.300 años en acumular un error de 1 día (comparado con el error de 1 día cada 128 en el calendario Juliano).

El lector atento tomará nota de lo siguiente: teniendo en cuenta todo lo anterior, el desarrollo de y los cambios en el calendario; la adición de meses; la suma o resta de días debido a errores del calendario; la adición de los "años bisiestos"; el cambio completo de un calendario a otro; los cambios en el comienzo del año; y muchos otros cambios en el registro histórico conduce a un descubrimiento ineludible: ¡No hay ningún registro histórico que sugiera la constante, la semana de 7 días, se haya roto! Cuando Julio César añadió los 90 días para corregir errores en el calendario Babilónico y Romano, la fecha cambió, no el día de la semana. Cuando el calendario Gregoriano entró en vigor en 1582, la fecha cambió, no el día de la semana. Teniendo en cuenta que el poder supremo Emperadores, Reyes y Gobernantes han tenido a lo largo de milenios, no han cambiado el día de la semana. Desde al menos los días de Moisés, el ciclo de 7 días ha quedado completamente ininterrumpido – si lo llamamos "semana" o a los días Sábado, Domingo, Lunes, etc., o simplemente día 1, 2, 3, etc., ¡esa ha sido la manera desde tiempos lejanos como la humanidad tiene registros!

Hemos visto en este apéndice, que Noé estaba bien familiarizado con el período de 7 días (si se le llamaba o no "semana"), de tal manera que fue su período elegido para esperar el envío de un pájaro para determinar si la inundación de las aguas se había retirado. Así que hay evidencia de que la semana de siete días ha progresado sin interrupción desde la época de Noé, y desde la vida de Adán, y Lamec, el padre de Noé, se superponen y Lamec vivió hasta que Sem (hijo de Noé) tuvo 93 años de edad, ¡la semana de 7 días fue sin duda pasada de generación en generación desde Adán hasta el día de hoy! ¡Si no le parece fascinante, y si no encuentra algo muy sustancial en esto, usted necesita volver a leer esta sección hasta que este inmerso en ella!

¡La semana de siete días nunca fue rota!

Por lo que podemos decir de todos los registros históricos disponibles, los primeros conteos para los días fue simplemente enumerándolos. El séptimo día era el último día del ciclo, y fue el Shabbat apartado por Dios. A pesar de una larga historia desde la resurrección del Mesías, donde la "Iglesia Cristiana" ha tontamente intentado cambiar el día de descanso para el primer día, Domingo, el ciclo de siete días no se ha roto todavía. Aquellos que desean obedecer a Dios, Éxodo 20:10-11, y observar el Shabbat para santificarlo puede ser confortados al saber que si puede determinar el número de años que han pasado desde que Adán, y dividir el número de días totales desde luego entre 7, ¡usted sabrá exactamente el número de semanas que han pasado y sabrá que el Shabbat que está observando es el mismo Shabbat observado desde el principio!

El hecho es que desde la creación del hombre, por la mano de YHWH, el período de siete días fue establecido. El séptimo día declarado "apartado" y "santo", un día de descanso – y a pesar de los muchos intentos del hombre para alterarlo (aún en el presente), ¡nunca ha sido alterado!

Apéndice 6

Preguntas par alas principales Corrientes Cristianas quienes no pueden dejar ir la idea de que "Jesús clavó la Ley en la cruz"

Pregunta: ¿Era Jesús Judío o Gentil? (¡No se ría – muchos Cristianos no saben la respuesta!)

Respuesta: Yeshua era un observante de la Torá, usaba Talit, iba a la sinagoga, guardaba el Shabbat y las festividades, era una Judío kosher ¿Están los Cristianos de hoy, la mayor parte, caminando en la Torá, guardando las Festividades Bíblicas, o el reposo en el séptimo día, Sabbath? Varias sectas del Catolicismo y muchas denominaciones Cristianas claman ser la "religión verdadera" que Jesús estableció, aun así, ¡el Cristianismo actual tiene muy poco en común con el Fundador de su "fe"!

Pregunta: ¿Por qué los Cristianos se refieren al Mesías Judío como "Jesús" cuando Su nombre en Hebreo es Yeshua? Y no es difícil de pronunciar...

Respuesta: El nombre dado a nuestro Mesías Judío se pronuncia "Yeshua". Esto es una transliteración del Hebreo יהשוע escrito en varios formas incluyendo Yahshua, Y'Shua, etc. "Jesús" es la forma helenizada castellanizada de "Yeshua". El nombre Jesús no significa absolutamente nada, mientras que Yeshua significa "YHWH Salva" o "YHWH es Salvación".[2] Yeshua nunca escuchó el nombre "Jesús" en toda Su vida. Algunas personas han dicho que esto es irrelevante, pero la pregunta es: Si tu nombre es Juan o María, ¿por qué responderías a Carlos o Beatriz? Probablemente no, ¡porque ese no es tu nombre! Sí, Yeshua sabe de que estamos hablando cuando lo llamamos "Jesús", pero es mucho más gratificante para Él llamarlo por su nombre: el nombre que tiene un significado importante.

Pregunta: ¿Quiénes entrarán por las puertas de la Nueva Jerusalén?

Respuesta: Las 12 tribus de Isra'el. No los Cristianos, Musulmanes, Hindús o el Ku Klux Klan; únicamente las 12 tribus de Isra'el (Apocalipsis 21:12). ¿Y quién es ISRAEL? ¡*Todos* los creyentes en el Mesías Yeshua!

Pregunta: ¿Dónde en las Escrituras YHWH nos dice que ignoremos el séptimo día Shabbat – el día que ÉL mismo

---

2 El Tanak contiene el nombre Y'shua (Yeshua) 30 veces, Y'hoshua (Joshua) 199 veces. Y'shua es la forma corta de Y'hoshua, el mismo nombre dado al Mesías. El sucesor de Moisés, Y'hoshua (Joshua), es un tipo del Mesías quien condujo a los Israelites a la tierra prometida. Adicionalmente, yeshua (salvación) usada 78 veces es el participio pasivo de yasha (salvar o salvador), el cual es usado 205 veces. "he esperado por tu yeshua (salvación), O YHWH." Génesis 49:18. El nombre híbrido Jesús (Je–Zeus) fué acuñado dentro de una cultura donde "Zeus" es el jefe de las deidades. El nombre "Jesús" contribuye a los valores politeístas que apartan al Mesías de su identidad basada en la Torá. La persona del "Nuevo Mesías" hiso un camino para endosar el Trinitario y anti-Torá estilo de vida Helenístico. (Roth's Aramaic English New Testament).

bendijo y santificó (Génesis 2:1-2)? (Por favor, no insista con que el Sabbath fue cambiado por el Domingo porque "Jesús resucitó un Domingo" porque esto no es verdad, como se demostró antes en este libro...)

Respuesta: A lo largo de la Biblia, uno no puede encontrar absolutamente ninguna evidencia que YHWH o Yeshua reclamaron el primer día o habían colocado ninguna bendición especial para este día. Por otra parte, no encontrará nada en las Escrituras que haga referencia al cambio del Shabbat pare el Domingo. Algunos argumentan que Constantino fue responsable de cambiar el Shabbat porque odiaba a los Judíos. Independientemente, en los tiempos de Yeshua, tanto Judíos y Gentiles asistían a las sinagogas en el séptimo día como se evidencia en Hechos 13:42-44, lo que demuestra que los primeros creyentes gentiles fueron observantes de la Torá, en parte, porque ellos le pidieron a Pablo que continuara la enseñanza "el siguiente Shabbat" (Sábado/el séptimo día). Se nos dice que casi toda la ciudad llegó a la reunión el "siguiente Shabbat" y que por no separar el Domingo (primer día) "shabbats" hayan sido detenidos por alguien.

Pregunta: Los Cristianos insisten en que "la Ley" fue abolida. ¿Cómo es que esto es posible cuando el pecado es la transgresión de "la Ley"? ¿Cuándo y por quiénes fue abolida? ¡Ciertamente no fue Yeshua! Él dijo que Él **no vino para** abolir sino para confirmar. ¿Por qué el rol de Yeshua como el "Sacrificio Final por los Pecados" negaría la Torá – las enseñanzas e instrucciones de Dios? Los Cristianos insisten que "la Ley" fue "escrita en nuestros corazones" (Jeremías 31:33-34; Romanos 10:4-8) y por lo tanto, aquellos viejos y obsoletos mandamientos del Antiguo no son para ellos. ¿Cómo puede usted saber lo que es "la Ley", si usted no la estudia primero y aprende a obedecerla? El hombre nace en pecado, él no sabe automáticamente distinguir lo "bueno" de lo "malo" – para lo cual necesitamos la Torá, que es nuestro plan divino para el comportamiento moral.

Respuesta: Yeshua es nuestro "Nuevo Pacto" y el "Sacrificio Final por los Pecados" quien era YHWH en la Carne. ¡YHWH nos dio un Nuevo **Pacto, no una nueva Torá!** Por favor note también que, Él no hizo un "nuevo pacto" con los Gentiles, sino con la Casa de Judá y con la Casa de Isra´el quienes eran y todavía son observantes de la Torá porque eso es lo que YHWH le comandó a Su Pueblo.

El sacrificio de la sangre de Yeshua cubre solamente los pecados no intencionales/inadvertidos que fueron cometidos en ignorancia (Hebreos 9:7). ¡Los pecados en contra de la Torá (la cual se supone que usted conoce y **obedece** desde que le fue "escrita en su corazón" – Jeremías 31:32, Deuteronomio 11:18, 2 Corintios 3:2-3) **no** están cubiertos! Esto es el por qué Pablo dedico tanto tiempo en la Carta a los Hebreos explicando el significado de la muerte de Yeshua. El sacrificio del Mesías fue port us pecados involuntarios o no intencionales; no por los pecados continuados y deliberados. ¡La "Misericordia" y la "Gracia" **NO** invalidan la Torá!

Pregunta: En 1 Corintios 5:7-8, ¿cuál Festividad nos dijo Pablo que observemos?

Respuesta: Pascua - no "Easter" con sus raíces paganas. La Pascua siempre ha sido el 14 de Nisán desde el tiempo en que Moisés ayudó a los Israelitas a escapar del Faraón. ¡No cae en el día en el cual los Cristianos celebran Easter! Yeshua murió en la Pascua y se levantó exactamente tres días después en Shabbat. Easter y Pascua no tienen nada en común – sin mencionar que "Easter" era el nombre de una deidad, así que ¿por qué YHWH honraría nuestra celebración de Easter? ¿Ha estado Él alguna vez feliz con el paganismo?

Pregunta: En vista del hecho que YHWH dijo que las Festividades Bíblicas se celebrarían para siempre (Levítico 23:21, 31, 41, Éxodo 12:14), ¿por qué cree usted que Él quiere que usted las ignore ahora, simplemente porque Su Hijo murió en la cruz? ¿"Para siempre" ha ido y venido, o de alguna manera se terminó? Si es así, entonces explique por qué Yeshua ha cumplido CUATRO de las siete Festividades Bíblicas – y la próxima a ser cumplida es lo que los CRISTIANOS llaman "el rapto"…

Respuesta: Yeshua ha cumplido las primeras cuatro de las siete Festividades Bíblicas, lo cual significa, lógicamente, que Él cumplirá las últimas tres también. Ya que las primeras cuatro festividades ya han sido cumplidas, la próxima cumplirse es Rosh Hashaná – La Fiesta de las Trompetas: el llamado "Rapto" (la cual, por cierto, no permite a "la iglesia" ser arrebatada antes de la "Gran Tribulación", como muchos Cristianos parece creen – ya que eso es una nueva doctrina).

Los creyentes en el Mesías deben celebrar las Festividades Bíblicas porque esto es instruido por Dios en la Torá para que Isra´el observe estas festividades **para siempre** (Levítico 23:21, 31, 41, Éxodo 12:14). (Recuerde, como creyentes en el Mesías Judío, USTED es parte de Isra'el...) Nuestro Salvador observó estas festividades así como también los primeros "Judíos Mesiánicos" y los apóstoles como Rabí Shaul/Apóstol Pablo (Hechos 20:16, 1 Corintios 16:8, Hechos 28:17). Cuando Yeshua regrese a la Tierra estas festividades serán re-establecidas en todo en mundo (Zacarías 14:16-21). ¡YHWH tiene Sus citas establecidas! Él no hace nada sin un propósito. ¿Qué le hace pensar que podemos ignorar lo que Él dice?

Pregunta: ¿Realmente el Rav Shaul (Apóstol Pablo) quiso decir que después de la muerte de Yeshua podemos comer cualquier cosa que queramos, lo que significa que ya no hay mas "kosher"?

Respuesta: Cuando leemos en contexto, la respuesta es un rotundo "¡No!". Las leyes eran, y todavía son, leyes de Dios. ¡YHWH nunca dijo que el cerdo, los mariscos, etc., fueran alimentos! La gente llamó a estas cosas comida en rebelíon contra ÉL. Los pasajes en cuestión en el "Nuevo Testamento" que tratan sobre animales que Dios nos dio para comer y que ceremonialmente están limpios y podían ser comidos en aquel tiempo. Incluso en la visíon de Pedro (Hechos 11), él sabía cuales animales no podía comer porque él observaba la Torá. ¡La visíon estaba ilustrando que los Gentiles ahora fueron aceptados! El resto del pasaje en Hechos 11 muestra que esta es la correcta interpretación y que la visíon era sobre eso.

Pregunta: Si la Torá fue "abolida" y el "Antiguo Testamento" debe ser ignorado, ¿por qué están los Cristianos todavía enseñando los Diez Mandamientos o diciéndole a los miembros de la iglesia que diezmen? ¿Ha usted alguna vez pensado en preguntarle a su pastor por qué usted debe diezmar el 10 por ciento como lo enseña el "Antiguo Testamento", pero no debe guardar el Shabbat o las Festividades Bíblicas? ¿No es hipócrita escoger?

Respuesta: Usted no encontrará nada en las Escrituras que le muestren que la Torá fue abolida. Muchos Cristianos han decidido que cuando Dios: *"Pondré mis leyes en su mente y las escribiré en sus corazones"*, Él quería decir que Su Torá (enseñanzas) serian anuladas y dejadas sin efecto. ¿Cuántas personas en la actualidad conocen las leyes de Dios automáticamente? ¿Cuántos **obedecen** sus leyes actualmente? Si realmente fuera el caso que las leyes de Dios, de alguna manera fueron impresas en nuestros corazones, NO debería haber casos de adulterio, divorcios, asesinatos, crímenes de odio, abortos, mentiras, robos, codicia – cosas de las cuales muchos Cristianos, también, son culpables... El que la Torá sea escrita en nuestros corazones significa que conocemos la Torá, y deseamos obedecerla y seguirla.

Yeshua dijo: *Mateo 5:17. No piensen que he venido a aflojar[3] la Torá o los profetas; no he venido a aflojar sino para cumplir. 18 Les aseguro que mientras existan el cielo y la tierra, ni una letra (Yodh) ni una tilde de la Torá desaparecerán hasta que todo se haya cumplido.*

Si "TODAS" no han pasado aún, y el cielo y la tierra no han dejado de existir, entonces ¿qué nos hace pensar que

---

3 Deuteronomio 4:2; 13:1. Y'shua en ningún momento "aflojado" o Torah o los Profetas! La Palabra profética YHWH dio a Sus profetas no puede ser desatado o anulado, y tampoco la Torah de YHWH. Se trata de dos testigos que se interponen en la acción. La Palabra de YHWH es a la vez la Torá (instrucción en justicia) y declarando, prediciendo y revelar la voluntad de YHWH a cada generación Profecía.

podemos hacer como nos plazca? Vamos a retomar Mateo 4 más adelante mientras estamos en la vecindad:

Mateo 5:20. Porque os digo que si vuestra justicia no fuere mayor más que la de los escribas y fariseos, no entraréis en el Reino de los Cielos.

Yeshua ciertamente no se estaba refiriendo a todos los "Fariseos" en este contexto, excepto a aquellos que caminaban en cierto grado de justicia. La mayoría de los antiguos y de los actuales Fariseos (Ortodoxos) tienen un estilo de vida disciplinado y justo; por lo tanto Yeshua esta diciendo cual es la diferencia. En la medida que el *Ruaj HaKodesh* escribe la Torá en los corazones de sus seguidores, ellos sobrepasarán a la justicia de los Fariseos quienes elevan las tradiciones por encima de la Torá.

Aquellos que no tienen la Torá NO tienen justicia, y ellos no son ningún "préstamo" de la justicia del Mesías sin importar lo que digan sus teólogos. El Mesías imparte su justicia sobre aquellos que lo siguen, y guardan la Torá. Por medio del Mesías. YHWH está levantando un pueblo Apartado que Guardan Sus Mandamientos en vez de sus propias tradiciones religiosas.

Pregunta: ¿Las Escrituras nos ordena que celebremos el nacimiento o la resurrección del Mesías vía "días feriados" creados por los hombres como Navidad o Domingo de Resurrección (Easter)? Es más, ¿está bien que le mintamos a nuestros hijos acerca de la existencia de Santa Claus y de la coneja que pone huevos? ¿Qué tienen que ver estas cosas con el nacimiento y la muerte de Yeshua? Para aquellos que lea responder: "Es divertido; es una tradición" o "mis hijos saben que no hay Santa Claus ni Conejo de Pascua y nuestra familia la verdadera razón de esta temporada", entonces revisen la Biblia para que vean lo que Dios dice acerca de las tradiciones de hombres.

Respuesta: Simplemente usted no encontrará ni Navidad ni Domingo de Resurrección (Easter) en ninguna parte en la Biblia. Esos días feriados fueron idea de hombres y Satán nos anima a insertar las tradiciones paganas que nos alejan de la verdad. Es más, simplemente no está bien que mintamos a los niños acerca de la existencia de Santa Claus y del Conejo de Pascua. Mentir es un pecado que quebranta el Noveno Mandamiento. Honestamente ¿Podría usted decir que nunca ha dicho a sus hijos: "Santa vendrá pronto para traerte juguetes, ¡así que es mejor que seas bueno!" o "¡Mira! ¡El Conejo de Pascua te ha traído algunos huevos de colores!" ¿Está bien decir una "pequeña" mentira? ¿Desde cuándo? ¿Las tradiciones humanas valen el costo de hacernos culpable de pecar ante los ojos de Dios?

Pregunta: ¿Cuántas denominaciones componen el cuerpo de Yeshua, de acuerdo con las Escrituras?

Respuesta: ¡No hay "denominaciones" en el Reino de YHWH! **TODOS** los creyentes son "la descendencia de Abraham" y además, parte de Israel (Gálatas 3:29).

Pregunta: ¿Se ha percatado de que todos los discípulos y los primeros seguidores de Yeshua eran todos observantes de la Torá? ¿Se ha dado cuenta de que el Cristianismo surgió del Catolicismo el cual han torcido totalmente las enseñanzas de Yeshua? Siendo este el caso, ¿cómo pueden los Cristianos de hoy afirmar que sus respectivas iglesias son la "iglesia original que Jesús fundó" cuando ninguno de ellos observan la Torá, y la mayoría de ellos ignoran el Shabbat del séptimo día y las Festividades Bíblicas? ¿Su iglesia de algún modo se parece en algo a lo que originalmente enseñó Yeshua? Por favor, consulte la Biblia a fondo antes de responder.

Respuesta: A lo largo del Tanak, los gentiles eran considerados inmorales y paganos porque adoraban toda clase de "dios" excepto a YHWH. Pero, sin embargo, era la voluntad de YHWH que las naciones Gentiles recibieran Su Salvación (Isaías 49:6, 42:6). Él le dijo a Abraham que a través de él todas las naciones de la tierra serían bendecidas (Génesis 12:1-3). Los primeros Judíos no entendían esto, y el primer anuncio de las Buenas Nuevas del Mesías fue sólo al pueblo Judío. En consecuencia, la controversia en el primer siglo **no era si** era Judío creer en Yeshua sino que si los gentiles podían ser incluidos sin tener que convertirse en Judíos (dirigida por el Concilio de Jerusalén - Hechos 15:1-31).

Preguntas: Yeshua dijo que Él NO vino para abolir sino para cumplir/establecer/confirmar (Mateo 5:17). Él también dijo que hasta que todo se haya cumplido, que el cielo y la tierra hayan dejado de existir, ni una "yod ni un punto"/la letra más pequeña o una tilde desaparecerían de la Torá (Mateo 5:18). ¿Ha sido TODO cumplido? ¿Han dejado de existir el cielo y la tierra? Si no, ¿por qué está ignorando la Torá?

Respuesta: Ya que Yeshua dijo que El NO vino para abolir la Torá, ¡nosotros DEBEMOS adherirnos a la Torá! La Biblia muestra claramente que Yeshua era un Judío que no vino a abolir la fe del Judaísmo o la Torá, sino a magnificarla, establecerla, y confirmarla. Y como mencioné antes, Él dijo:

Mateo 5:19. Todos los que aflojar, por lo tanto, de uno (de) estos mandamientos muy pequeños y así enseñe a los hijos de los hombres, será llamado pequeño en el Reino de los Cielos, pero a todos los que hacen y enseñan este será llamado grande en el Reino de los Cielos. 20. Porque os digo que si vuestra justicia no fuere mayor más que la de los escribas y fariseos, no entraréis en el Reino de los Cielos.

Pregunta: De acuerdo con Joel 2:32 y Hechos 2:21, ¿qué harán aquellos quienes han sido salvados?

Respuesta: Ellos invocarán el Nombre de YHWH. ¡No el de Alá o Krishna o el del Mahdi, ni aun el de "Jesús" porque ese NO es Su Nombre! YHWH es Dios/Creador y Yeshua es Su Hijo quien vino a la tierra para proclamar el Reino de YHWH (Lucas 4:43) y para básicamente "ponerle un rostro a Dios" temporalmente para que así el hombre pidiera identificarlo mejor, y entender a Dios. Yeshua nos mostró personalmente como obedecer correctamente a Su Padre, y entonces Él fue martirizado como nuestro Sacrificio Final por los Pecados para que TODO aquel que creyera en Él pueda tener Vida Eterna.

Pregunta: La Biblia en muchas partes declara que la Palabra de YHWH es eterna. ¿"Eterna" termina en el comienzo del "Nuevo Testamento"?

Respuesta: ¡No! Eterna nunca termina, así que ¿por qué muchos hoy están negando la Torá de YHWH – Su divina enseñanza?

Salmo 119:89. *"¡Para siempre, o YHWH, es tu Palabra establecido en el Cielo!"*

Isaías 59:21. *-En cuanto a Mí, este es Mi Pacto con ellos: Mi Espíritu que está sobre ti y Mis Palabras que he puesto en tu boca no se apartarán de tu boca ni de la boca de tus hijos ni de la boca de sus hijos, dice YHWH! Así que será para siempre.*

Lo "Eterno" no vendrá a menos que "haya pasado todo lo que tenga que pasar" y "el cielo y la tierra hayan dejado de existir" (Apocalipsis 21:1). ¿Ha descendido ya a la tierra la Jerusalén celestial? (Apocalipsis 21:2)? ¿Ha sido Satán castigado y arrojado al lago de fuego? (Apocalipsis 20:10.) ¿Ha ocurrido el Juicio ante el Gran Trono Blanco? (Apocalipsis 20:11-12.) ¿Ha retornado Yeshua y establecido el Reino de Dios? (Apocalipsis 10:1-7 y 19:6, 11-16) (También vea en Isaías 59:21 y 1 Crónicas 16:15.)

Pregunta: ¿Realmente usted cree que por ignorar la Torá está provocando a cellos a los Judíos (Romanos 11:11-12)? ¿Cree usted que los Judíos estarán celosos de que los Cristianos comen cerdo y camarones, que ignoren el verdadero Shabbat y las Festividades Bíblicas, y que estén pidiéndole a los Judíos que renuncien a toda la mitad de la Biblia que contiene la Torá, la cual es nuestra ÚNICA instrucción divina para la vida moral?

Respuesta: YHWH usó a "los Judíos" para expandir la Palabra sobre Él y Su Hijo. ¡Si Él no los hubiera "esparcido entre las naciones" nadie hubiera escuchado jamás de YHWH ni de Yeshua! Aún muchos supuestos Cristianos abiertamente odian a los Judíos y condenan a Isra´el mientras respaldan a sus enemigos.

A los creyentes se les ha ordenado expandir el Evangelio al mundo entero; esto incluye a nuestros hermanos Judíos – aunque los Cristianos han asesinado a millones de Judíos y han sido responsables de perseguirlos de una manera u otra durante siglos. ¿Y ahora usted quiere darles a ellos una concusión con un "Nuevo Testamento" e insistiendo con que "Jesús clavó en la cruz" las instrucciones divinas de nuestro Creador y que los Judíos se irán al infierno a menos que comiencen a creer en un Jesús que no guarda la Torá?

¿Usted quiere decirle a ellos que SU Dios – el Dios de Abraham, Isaac, y Jacob a quien usted también alaba – ha venido en la forma de un **hombre** y ellos se suponen que alaben, y que ese hombre es más importante que el Padre y que él ha abolido las enseñanzas del Padre? Usted demanda de los Judíos que ellos tiren a la basura sus Tanak porque usted cree que la muerte de Jesús en la cruz automáticamente negó TODAS las enseñanzas de Dios? ¿Usted quiere que ellos crean que deben tirar a la basura la Palabra Inspirada de Dios y adherirse al "último TERCIO" de la Biblia en el cual el Apóstol Pablo dijo cosas que los Cristianos han mal entendido, mal interpretado, y mal aplicado como una negación de la Torá? ¿Usted quiere que ellos desechen la idea de que YHWH ordenó guardar el Shabbat en el séptimo día y las Festividades Bíblicas; las mismas Festividades que Yeshua está TODAVÍA en proceso de darles cumplimiento?

Para ganar el corazón de un Judío, ¡primero usted debe recordar que Yeshua era un observante de la Torá, guardaba el Shabbat en el séptimo día y las Festividades Bíblicas, y era un **Judío** kosher! Usted debe considerar también que la razón por la cual la mayoría de los Judíos no han y no pueden creer en É les porque sus "ojos espirituales" no han sido abiertos aún – en parte porque el Cristianismo no ha estado presentando a Yeshua a la luz bíblica. YHWH mismo abrirá los ojos de ellos en su debido tiempo – y Él usará a Creyentes observantes de la Torá para ayudarles a ver la Verdad.

Pregunta: Los Cristianos insisten en que "la Ley" fue "escrita en nuestros corazones" (Jeremías 31:33-34; Romanos 10:4-8) y por lo tanto, el "Antiguo Testamento" no tiene nada que ver con ellos. ¿Cómo puede usted saber los que es "la Ley", si primero usted no estudia y aprende a obedecerla? El hombre nace en pecado; él no sabe automáticamente los que es "bueno" ni lo que es "malo" – lo cual es de lo que trata la Torá.

Respuesta: Veamos esto desde otro punto de vista: A menos que hayamos leído y entendido el "Antiguo Testamento" ¿Cómo podríamos automáticamente SABER lo que dice la Torá? Sí, tenemos "la Ley"/ la Torá escrita en nuestros corazones – sin embargo, esto no significa que tengamos un conocimiento automático de ella solo porque somos "salvos". ¡Eso significa que ahora tenemos el **deseo** por la Torá! Necesitamos recordar que el corazón es el "asiento del deseo" como un campo de batalla sobre el cual YHWH y Satán luchan constantemente…

Pregunta: En Apocalipsis 12:17, contra quién está enfurecido el Dragón?

Respuesta: ¡Contra aquellos que mantienen el Testimonio de Yeshua, Y obedecen Sus Mandamientos!

Si bien todas las preguntas, comentarios contenidos en este libro podrían parecer como algo duro, aquellos que están verdaderamente buscando entender y comenzar a adherirse a las enseñanzas de YHWH. En lugar de tratar de averiguar la manera de "dejar de ser" observantes de la Torá, dejen de celebrar las fiestas paganas de la Navidad y de Domingo de Resurrección (Easter) y comenzar a aprender acerca de los tiempos establecidos por Dios. Ya no se conforman con la "leche" con la cual han sido alimentados en sus iglesias, y comiences a mantenerse a sí mismos y a sus pastores responsables de la enseñanza de la Palabra de Dios de acuerdo **toda** la Palabra de Dios.

Pregunta: ¿Está bien ignorar los Mandamientos de Dios, solo porque Jesús murió en la cruz?

Respuesta: Por favor, piense muy bien acerca de esta pregunta, porque Yo creo usted llegará a la conclusíon de que la respuesta es un rotundo ¡NO! Eso sencillamente no tiene sentido en insistir que solo porque "Jesús" murió, todas las enseñanzas de YHWH salieron por la ventana. ¡No tiene sentido pensar que el Shabbat en el séptimo día el cual nuestro Creador instituyó y personalmente observó (Génesis 2:2) haya sido cambiado al primer día, o que le cerdo y los calamares de algún modo se convirtieron en "puros" solo porque Jesús murió!

En Mateo 5:17 Yeshua dijo: "*No penséis que he venido para aflojar la Torá o los profetas, **no** he venido a aflojar, sino para cumplir.*" Eso indica un comienzo, no el fin, la pérdida o la "abolición". Si Yeshua no "abolió" sino que "cumplió" NO PUEDE significar "ponerle fín a". Como he mencionado antes, la Torá es nuestro **único** mapa para una vida moral.

¿Cómo podría haberse terminado con la muerte de Yeshua?

Dado que los Cristianos son creyentes en el Dios de Abraham, Isaac y Jacob, ¿no es razonable que Su Torá aplica para TODOS y no solo para "algunos"? ¿Por qué YHWH establecería una serie de leyes para un determinado grupo de personas, especialmente cuando vemos en el "Antiguo Testamento" que los "extranjeros" y aquellos quienes han escogido adherirse a Israel, tienen que hacer **exactamente** lo que hacen los Judíos/Hebreos?

¡TODOS los creyentes tenemos la responsabilidad de conocer y obedecer la Torá de Dios! Una vez que usted conozca y entienda la Torá y el Tanak ("Antiguo Testamento"), el "Nuevo Testamento" toma un nuevo significado por completo...

Oro para que USTED esté entre los que capte los conceptos sobre la Torá que he presentado. ¡Que YHWH le bendiga ricamente a usted y a los suyos para que continúe profundizando en Su Palabra y aprenda quien es Él y como adorarlo correctamente!

www.ingramcontent.com/pod-product-compliance
Lightning Source LLC
Chambersburg PA
CBHW051953090426
42741CB00008B/1370